AF383370

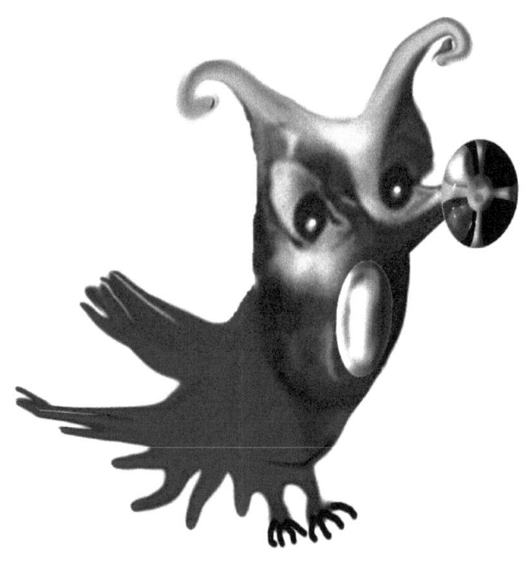

Ansichten und Einsichten des Kleinbauern, Straßenhändlers und Rentners Stipes

Verlag und Druck
tredition GmbH, Halenreie 40-44
22359 Hamburg
© 2017 Rolf Dieter Kaufmann

ISBN 978-3-7439-5376-5 (Paperback)
ISBN 978-3-7439-5377-2 (Hardcover)
ISBN 978-3-7439-5378-9 (E-Book)

Reinhard Gailhofer / Rolf Dieter Kaufmann

Die pure Einfalt
oder
Was uns bewegt

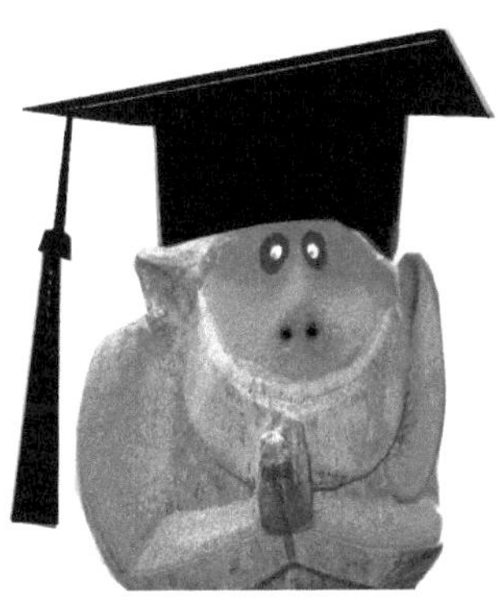

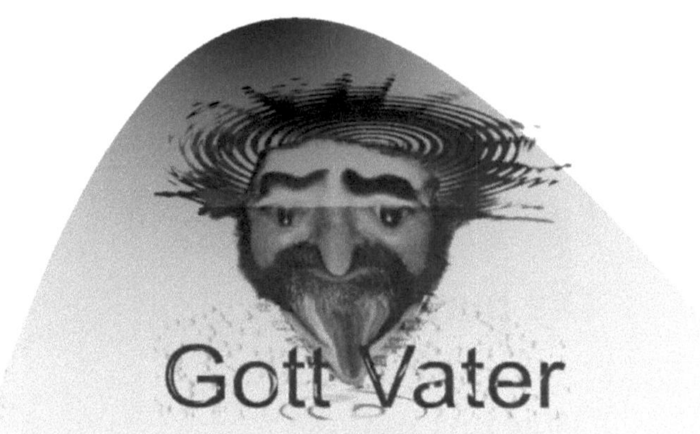

Die 7jährige Anna und ihr 55jähriger Papa im DOM MARIÄ GEBURT im Gespräch:

Anna (Sie betrachtet das Gottesbild an der Decke): „Hat Gott auch Vater und Mutter?"

Papa: „Eigentlich nicht."

Anna: „Aber das geht doch gar nicht. Jeder hat Vater und Mutter, wenn er auf der Welt ist."

Papa: „Eigentlich schon."

Anna: „Warum ist Gott ein Mann? Wenn er ein Mann ist, warum hat er dann keine Eltern? Dann muss er doch Eltern haben."

Papa: „Vielleicht hat er nur eine Mutter. Man weiß es nicht."

Anna: „Männer und Frauen haben immer Eltern."

Papa: „Grundsätzlich ja."

Anna: „War Gott niemals ein Kind?"

Papa: „Weiß man´s?"
Anna: „Vielleicht haben die Eltern von Gott Ihren Sohn verlassen."
Papa: „Weiß man´s?"
Anna: „Warum ist Gott keine Frau? Meine Mami ist doch auch eine Frau."
Papa: „Früher, viel früher, haben die Männer mehr zu sagen gehabt als Frauen. In einigen Religionen ist das auch heute noch so."
Anna: „Nur deshalb ist Gott ein Mann, weil Männer mehr zu sagen gehabt haben als Frauen?"
Papa: „Eigentlich nur deshalb."
Anna (schaut zum gekreuzigten Jesus): „Warum ist Jesus, der Sohn Gottes, ans Kreuz genagelt worden? War er böse?"
Papa: „Im eigentlichen Sinne nicht. Ja, für viele Leute war er sehr böse. Zum Beispiel für die Römer."
Anna: „Waren Römer brave Leute, wenn Jesus böse war?"
Papa: „Ihrer Meinung nach waren sie sehr brav. Für die Römer war Jesus sehr böse. Er musste mit dem Tode bestraft werden."
Anna: „Waren die Römer anders als Jesus? Nagelt man heute auch noch Menschen ans Kreuz,

wenn sie anders und deshalb böse sind? Meine Freundinnen sind auch anders als ich. Sind sie deshalb böse? Oder bin ich böse?"

Papa: „Wenn ihr euch gerne habt, seid ihr alle brav."

Anna: „Hat Jesus die Römer gerne gehabt? War er brav zu ihnen oder wirklich böse?"

Papa: „Wie könnte er die Römer gemocht haben, wenn sie ihn doch ans Kreuz genagelt und getötet haben?"

Anna: „Ich würde auch niemanden mögen, der mich tötet. Wenn ich tot bin, kann ich ja niemanden mehr gern haben."

Papa: „So ist es – in der Regel. In manchen Ländern sperrt man böse Menschen einfach nur ein, in anderen tötet man sie oder man jagt sie davon. Viele von diesen sind gar nicht böse. Man meint es nur."

Anna: „Hatte Jesus keinen Vater außer Gott?"

Papa: „So scheint es."

Anna: „Gott tut mir leid."

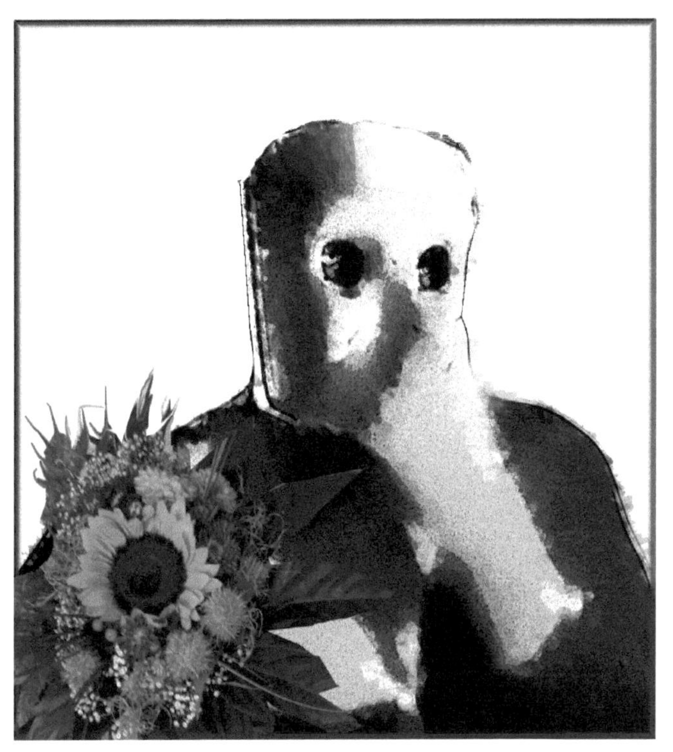

Liebe Grüße!

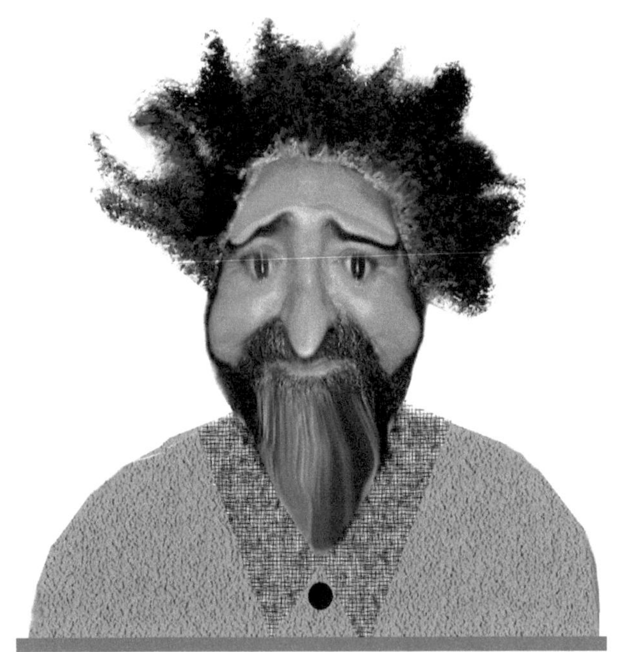

Kleinbauer Stipes

"Freiheit,

die ich meine !"

Altersarmut
Korruption
Terror
Finanzskandale
Überfremdung
Umweltbedrohung
Klimawandel
Gewalt von rechts
und links

?

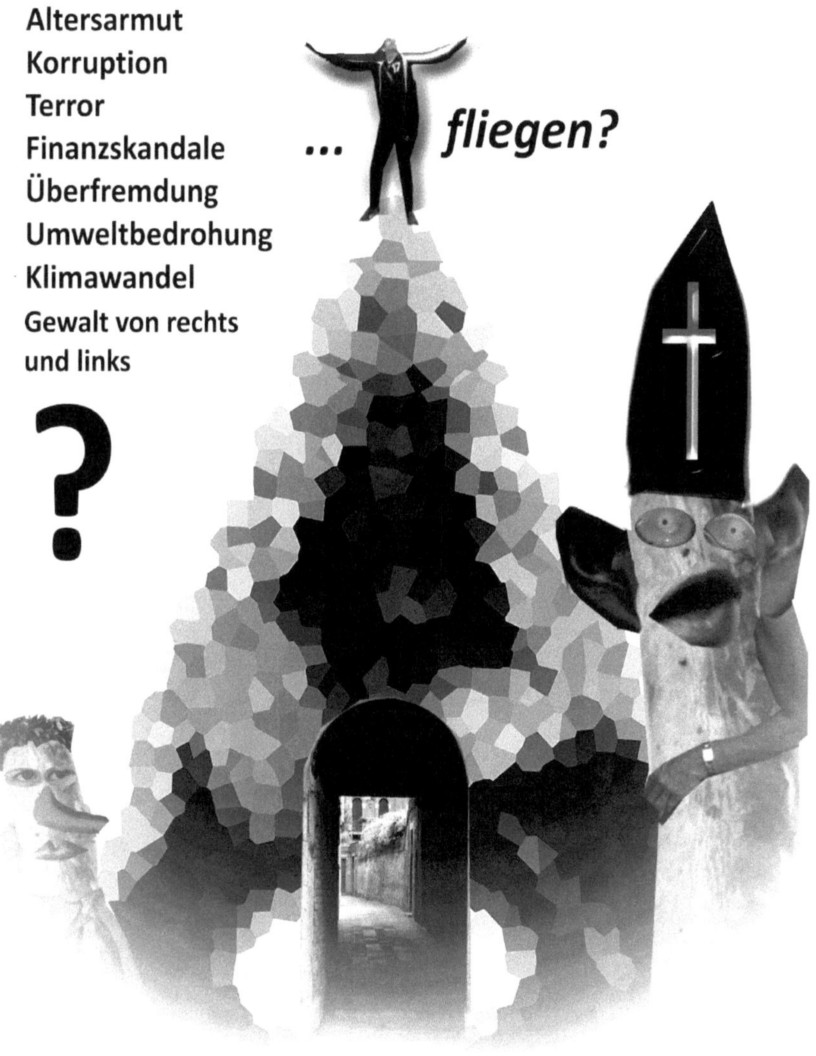

Kapitel I.

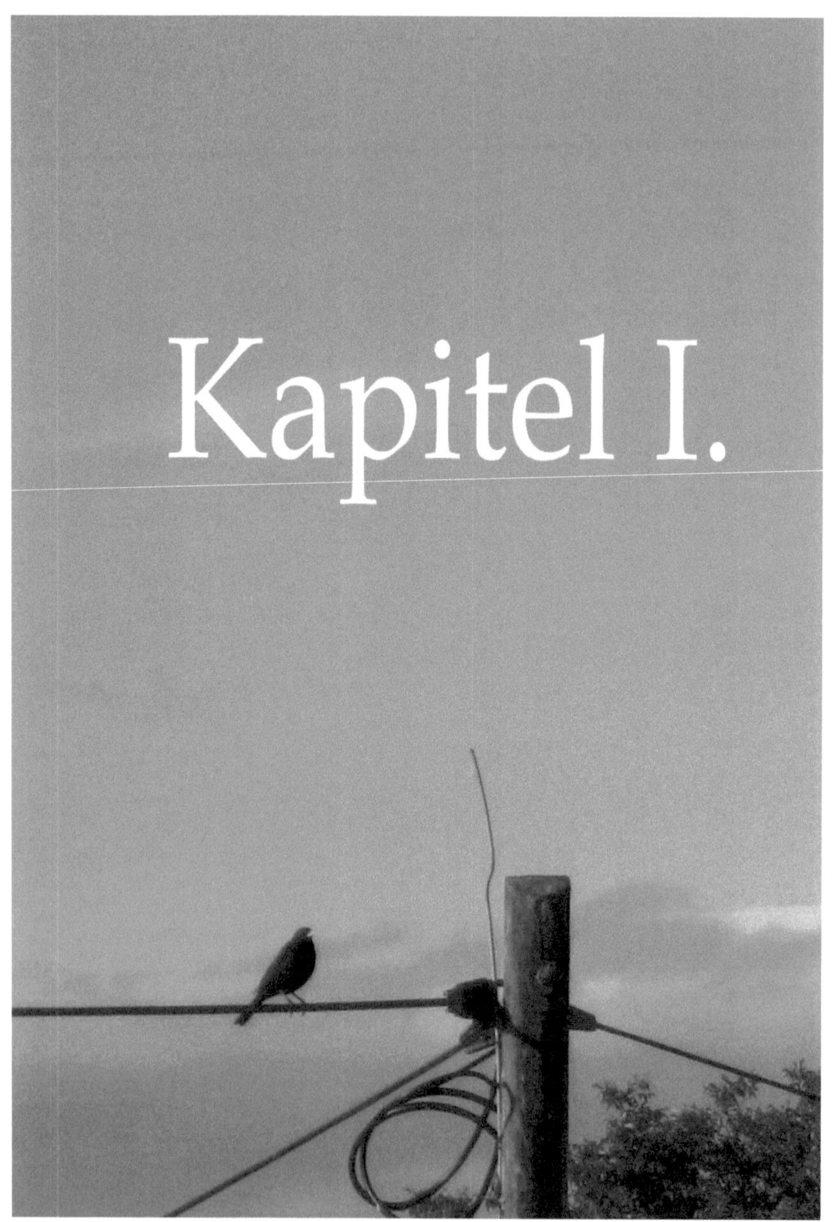

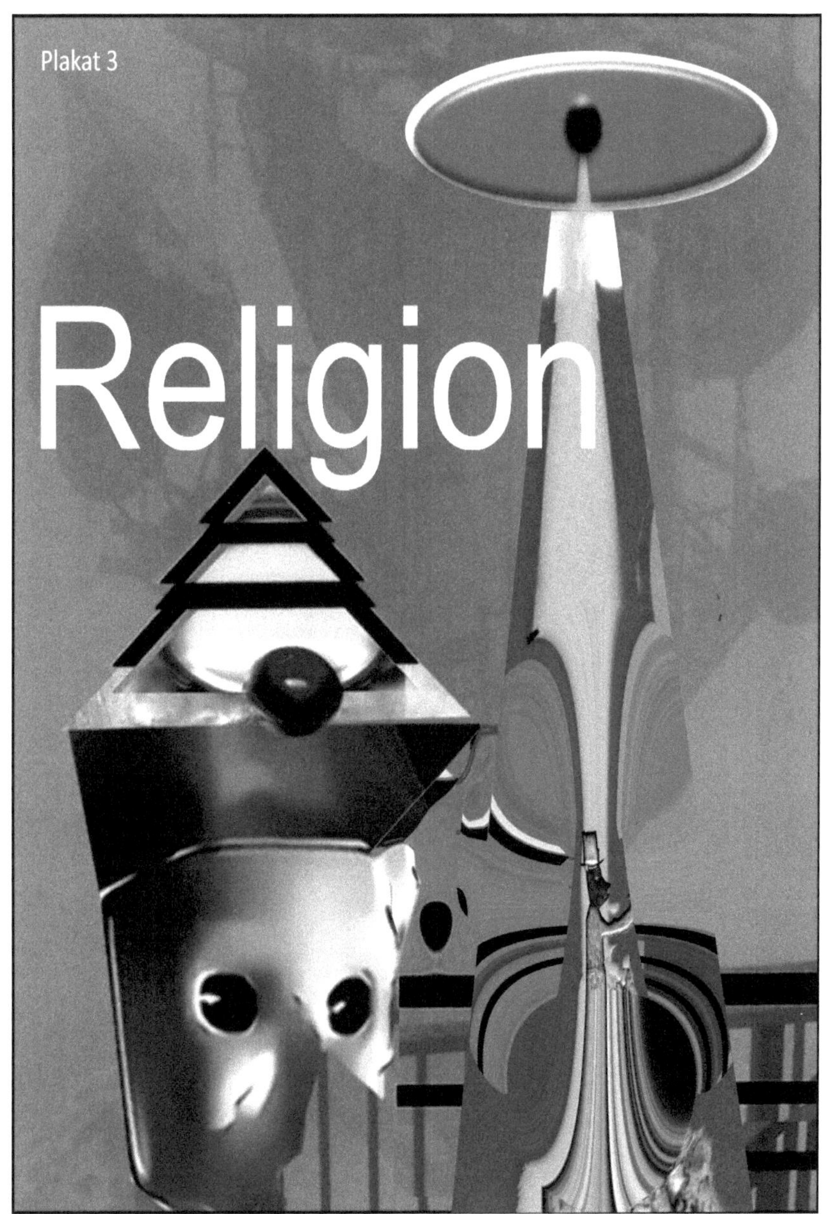
Religion

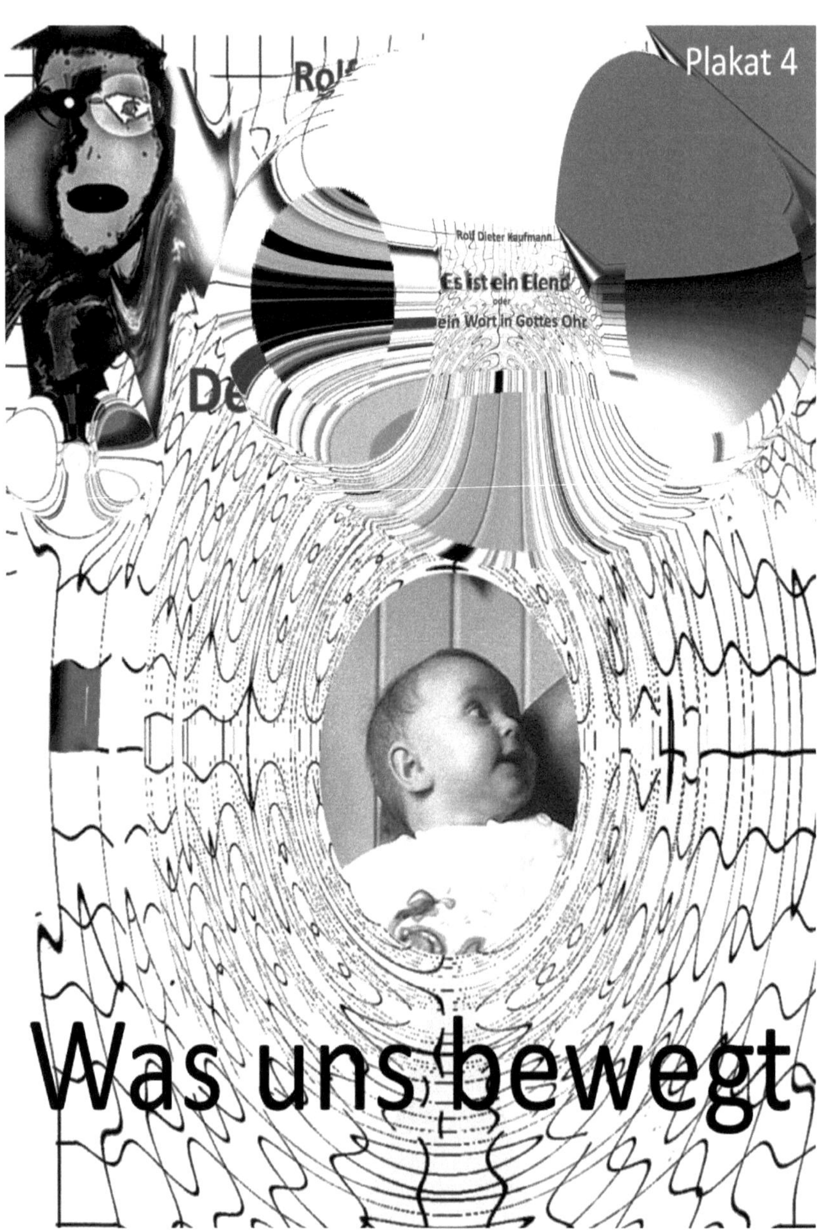
Plakat 4
Rolf
Rolf Dieter Kaufmann
Es ist ein Elend
oder
ein Wort in Gottes Ohr
De
Was uns bewegt

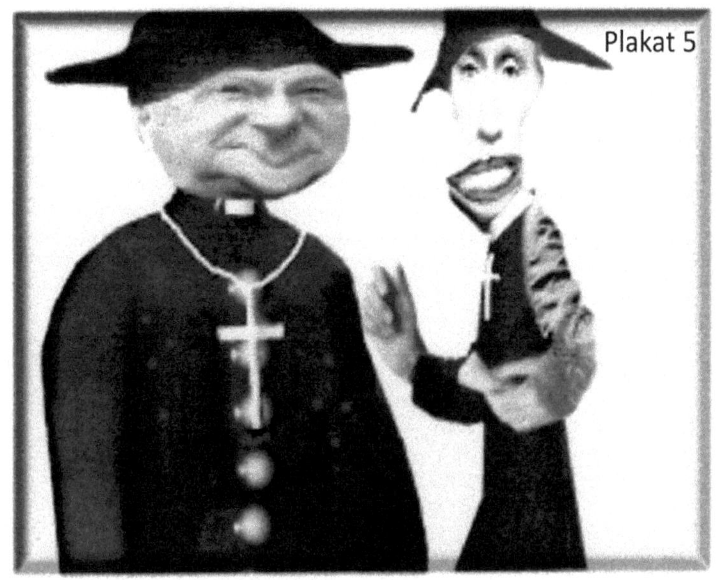

Freunde

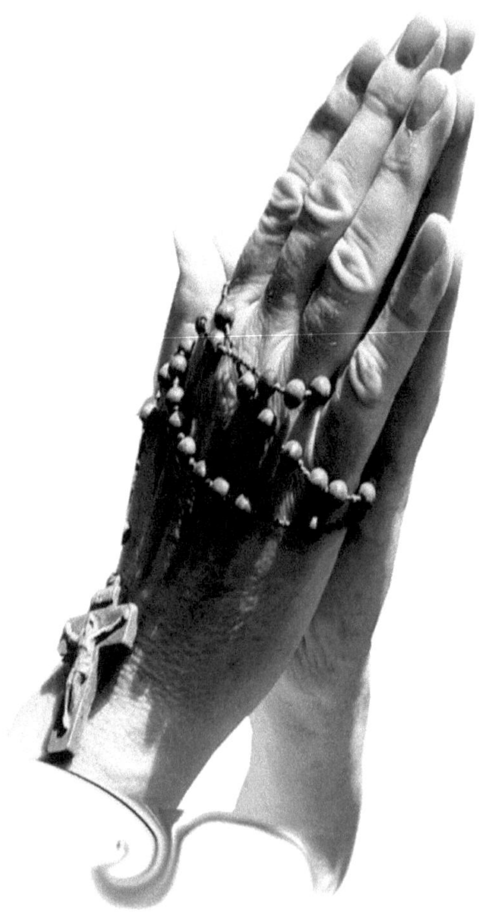

Beten kostet nichts!

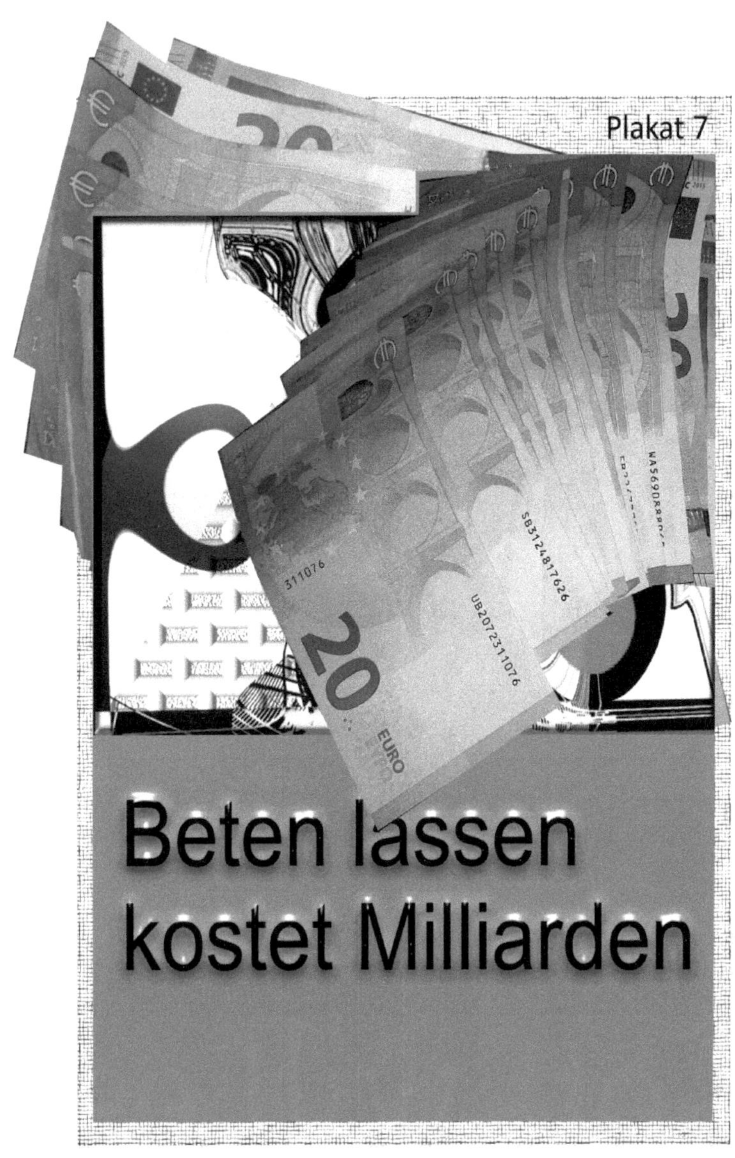
Beten lassen
kostet Milliarden

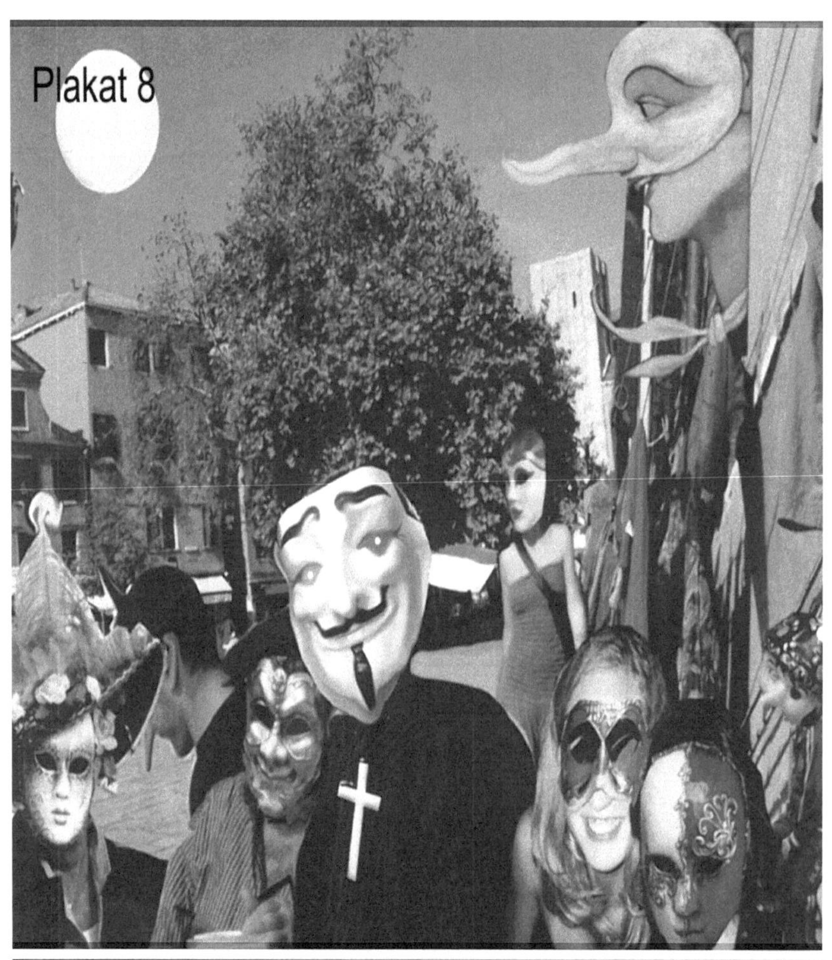
Plakat 8
Gott will es!

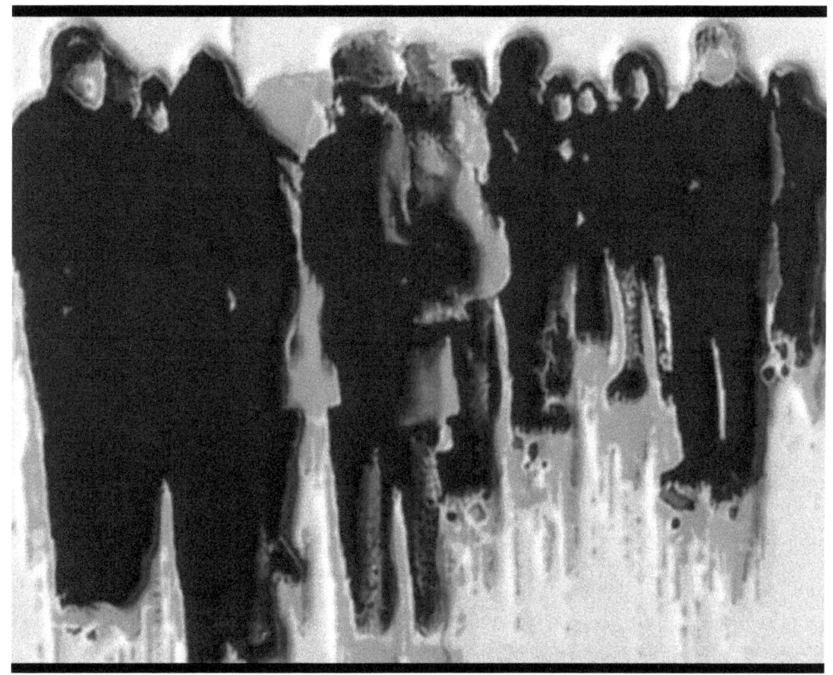

Bei Menschen, die vorgeben, zu wissen, dass es einen Gott gibt, ist Vorsicht geboten. Alles Denken bleibt bei der Fragestellung hängen: "Gibt es einen Gott?" Diese Frage kann nur mit einem "Ich weiß es nicht!" beantwortet werden.

Kinderfrau Rafaela

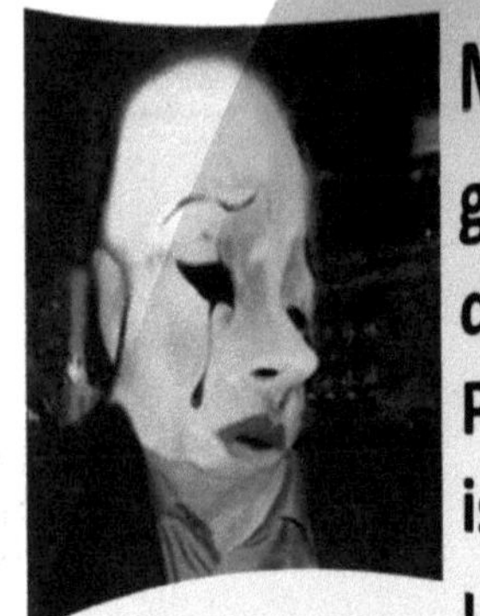

Macht der großen Religions-
gemeinschaften ist eine andere Art Macht als die der
Politik oder des Kapitals. Sie
ist von größerer Machtfülle
und Zentrierung der Macht.
Alle großen Weltreligionen streben die Welt-
herrschaft, die Allmacht an.
Der Einzelne wird für die Lösung seiner Pro-
bleme und für die Erlösung von weltlicher
Macht mal zur kirchlichen und für die Erlösung von kirchlicher Macht mal zur welt-
lichen geschickt und umgekehrt. Ein fortdau-
erndes Geschicktwerden ohne Erlösung.

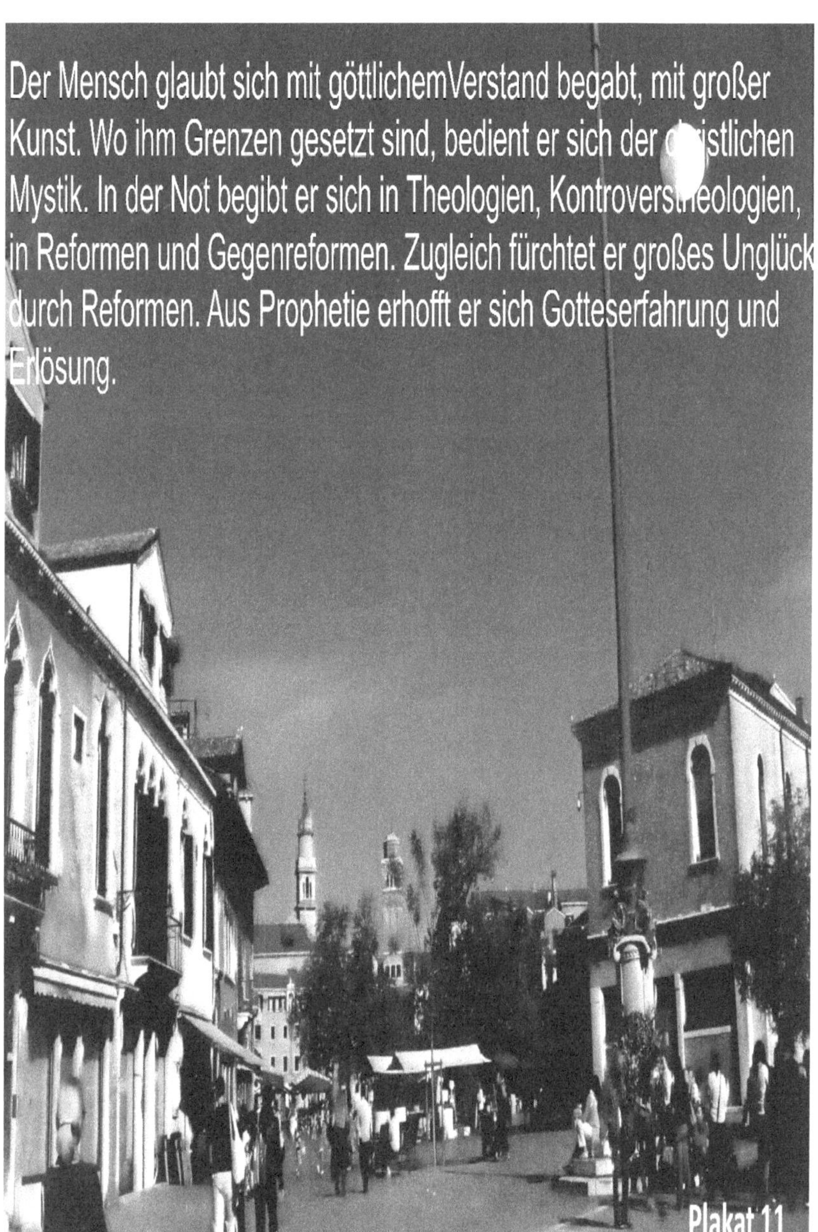
Der Mensch glaubt sich mit göttlichemVerstand begabt, mit großer
Kunst. Wo ihm Grenzen gesetzt sind, bedient er sich der christlichen
Mystik. In der Not begibt er sich in Theologien, Kontroverstheologien,
in Reformen und Gegenreformen. Zugleich fürchtet er großes Unglück
durch Reformen. Aus Prophetie erhofft er sich Gotteserfahrung und
Erlösung.
Plakat 11

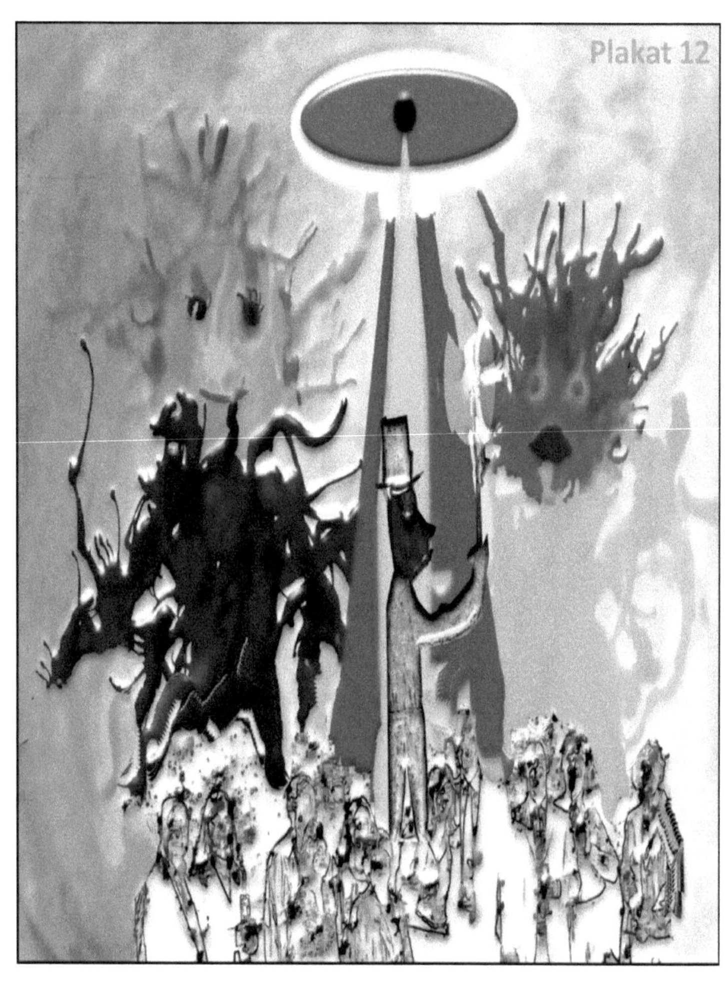

Ich bin wunschlos unglücklich!
Und DU?

Dein *Wort in Gottes* Ohr

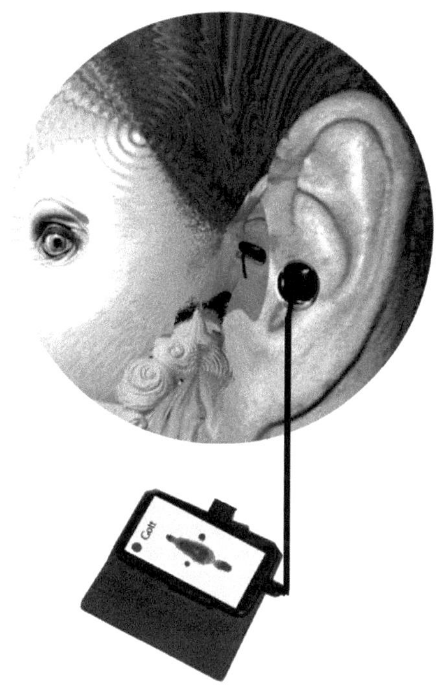

Ich hoffe, dass du Recht behältst

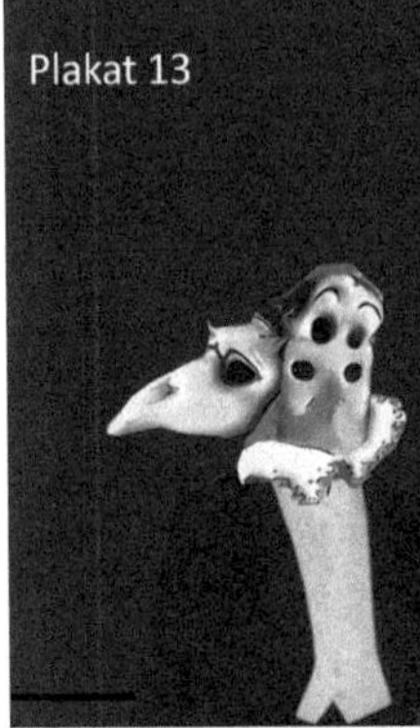

Die Spekulationen um Erkenntnis,
Wahrheit und Tun in der Theologie
sind metaphorischer Natur. Die
Begriffe "Erkenntnis" und "Wahrheit"
sind in der Theologie nur Metaphern.
Sie werden im übertragenen Sinn und
auf Grundlage von "Ich glaube"
benutzt.

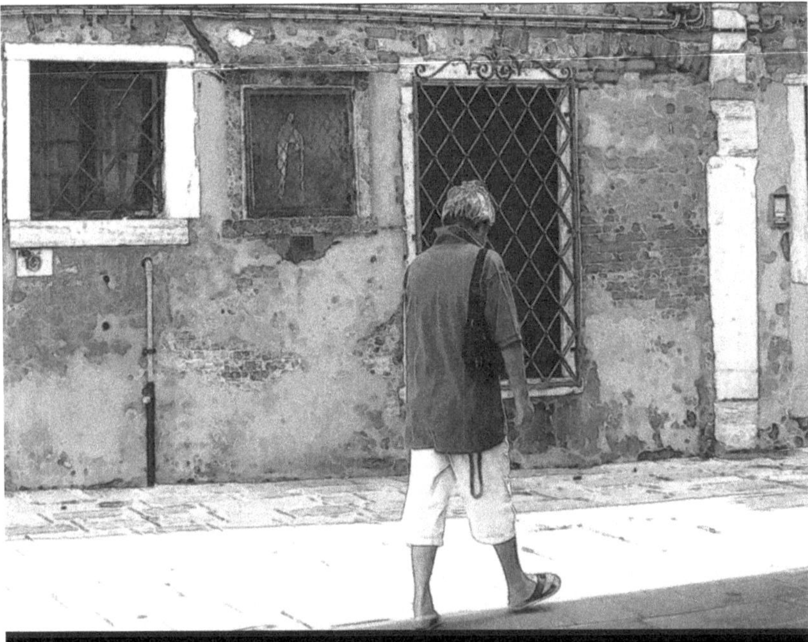

Wohin willst Du?

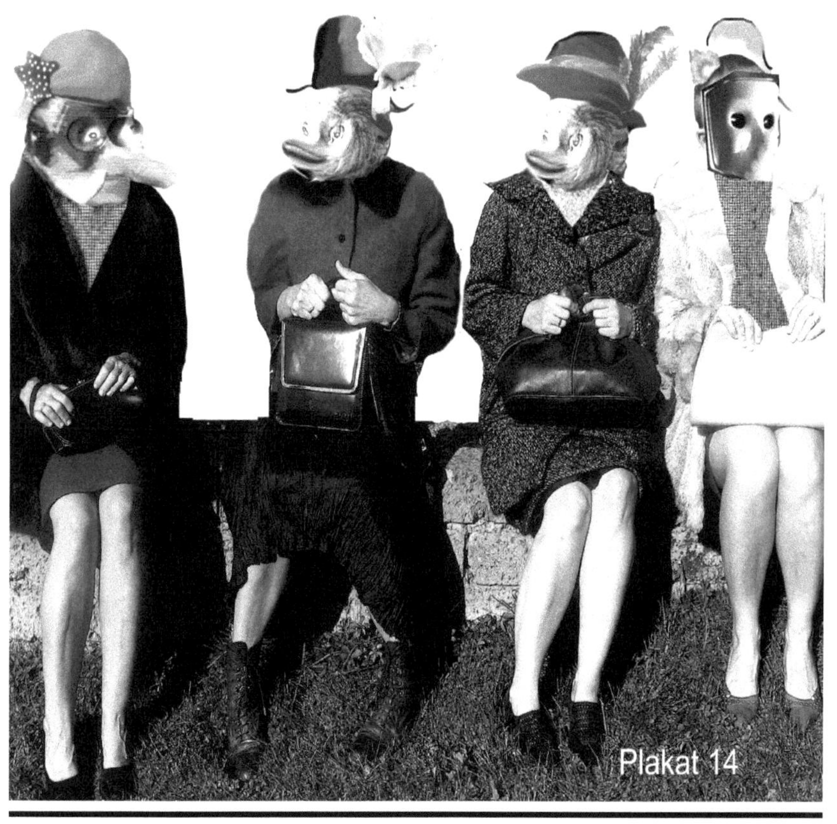

Judith, was meinst du mit

Macht?

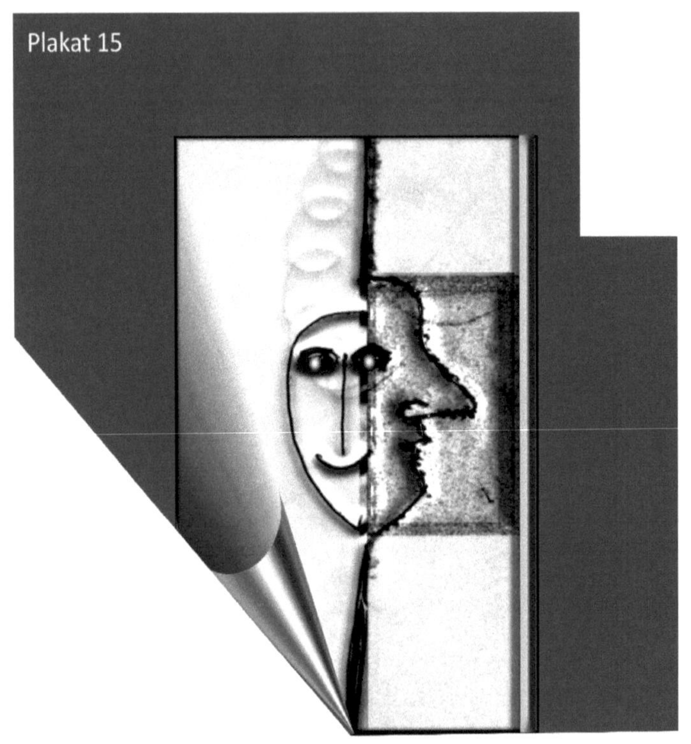

Religiös sein wollen
... ist Macht haben wollen.
Die Kirche weist dir den
richtigen Weg.

L´ignoranza Santa per i bambini,1959

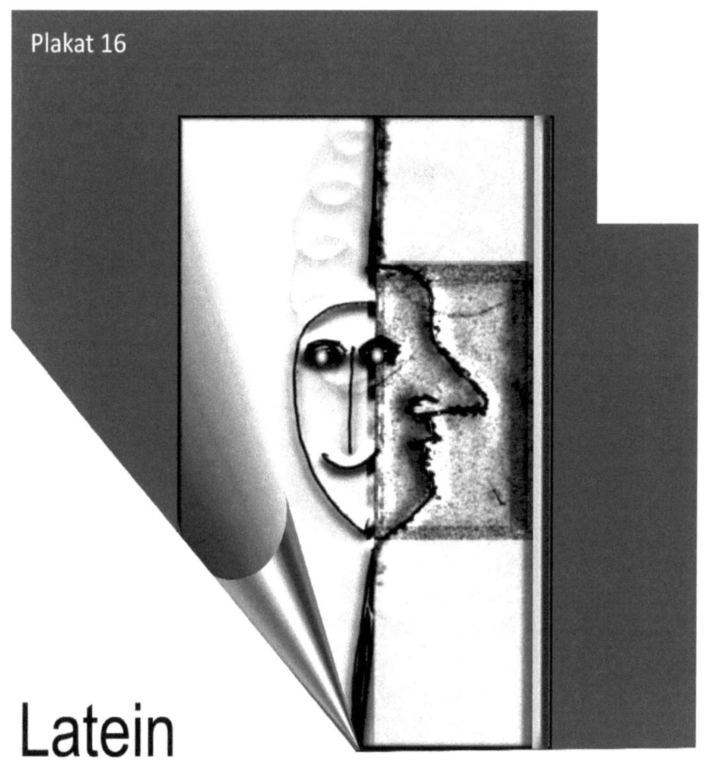

Latein

war Jahrhunderte die Geheimsprache
der Mächtigen in der katholischen
Kirche und ihrer "Zwerge der Macht".
Es geht immer und überall um Macht.

Alesandro, Santo Stefano, Kalabrien, 1962

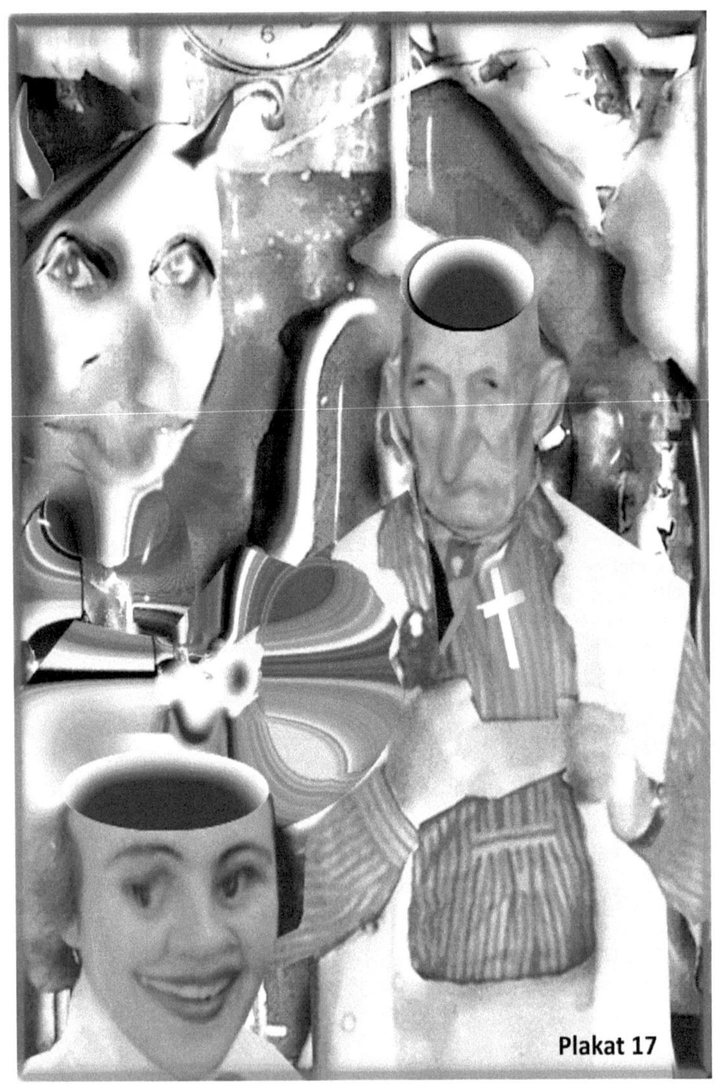
Plakat 17

Verlass dich auf den **HERRN** von ganzem Herzen, und verlass dich nicht auf deinen **VERSTAND**, sondern gedenke an ihn in allen deinen Wegen, so wird er dich recht führen.

Bibel, Sprüche 3,5-6

Wofür und weshalb hat Gott uns dann den Verstand gegeben?

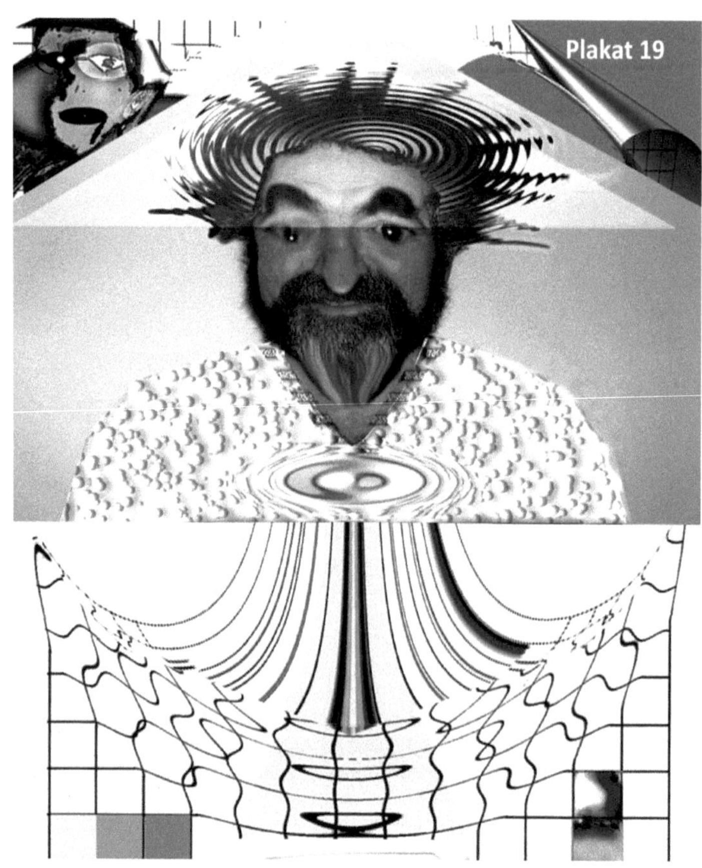

Fürchte dich nicht, denn ich habe dich erlöst; ich habe dich bei deinem Namen gerufen; **du bist mein!**

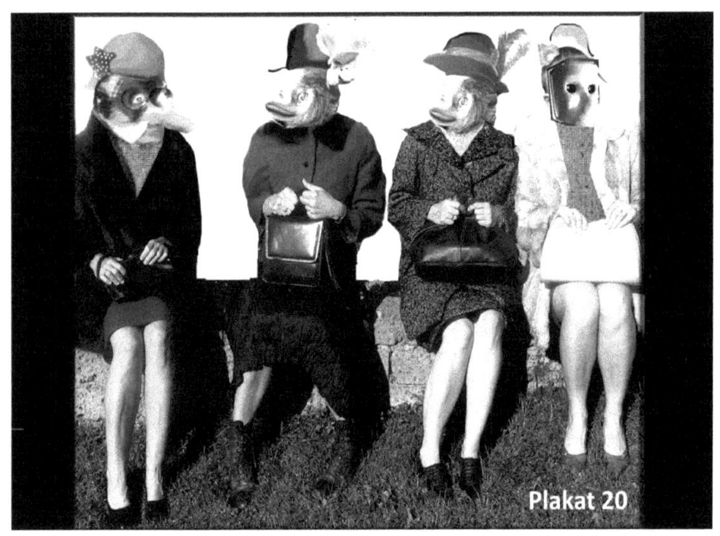

"Die Bibel und der Koran
lehren, dass jeder und
jede nach dem Tod von
Gott beurteilt wird. Ema,
ich kann kaum glauben,
dass Gott wert auf uns
legt."

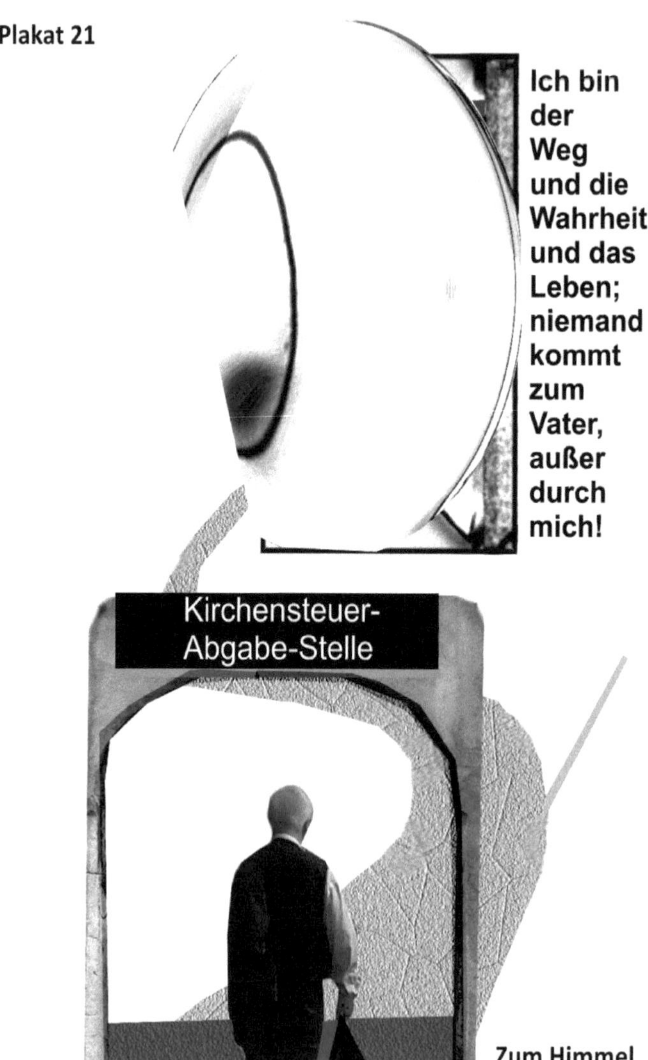
Ich bin
der
Weg
und die
Wahrheit
und das
Leben;
niemand
kommt
zum
Vater,
außer
durch
mich!
Kirchensteuer-
Abgabe-Stelle
Zum Himmel

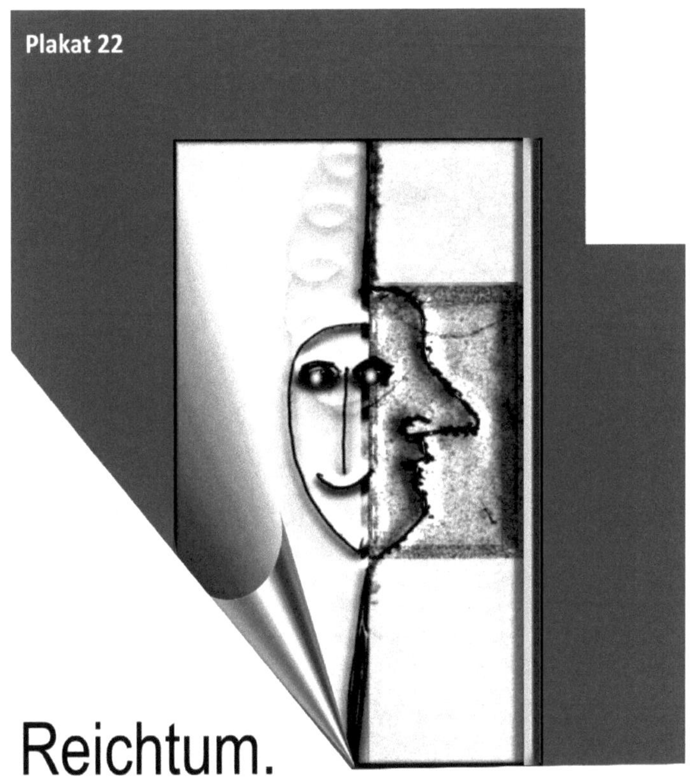

Reichtum.

Wie die Kirchen zu ihrem Reichtum kamen und immer noch kommen, braucht hier nicht eigens erwähnt werden.Stimmt das: "Wer der Gemeinschaft dient, der ist sozial?"

Umberto, auch Gutschwein geheißen; Verwalter des Nobile Luca, Apennino, 1962.

Da nahm er die fünf Brote und zwei Fische und sah auf zum Himmel und segnete sie, brach die Brote und gab sie den Jüngern, dass sie dem Volk austeilten. Und sie aßen und wurden alle satt; und es wurde aufgesammelt, was ihnen an Brocken übrig bleib, zwölf Körbe voll.
<u>Lukas 9: 16-17</u>

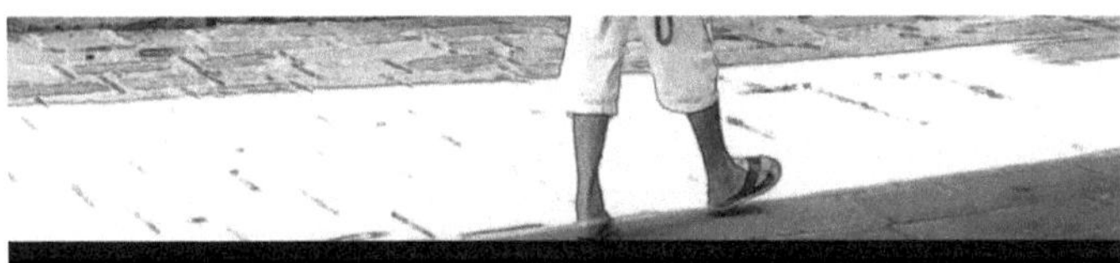

(2017) 795 Millionen Menschen auf unserer Welt haben nicht genug zu essen.

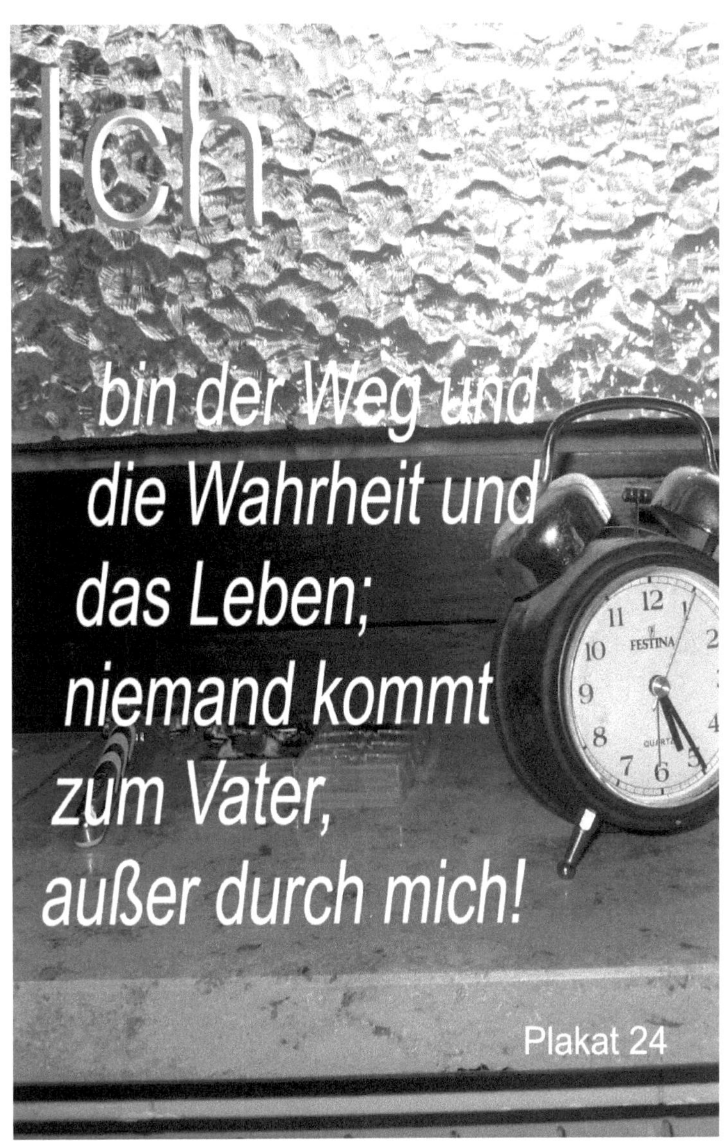

Ich
bin der Weg und
die Wahrheit und
das Leben;
niemand kommt
zum Vater,
außer durch mich!
Plakat 24

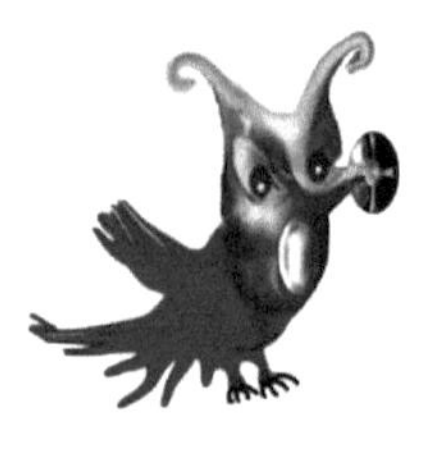 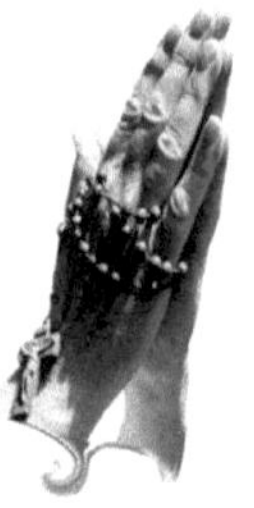 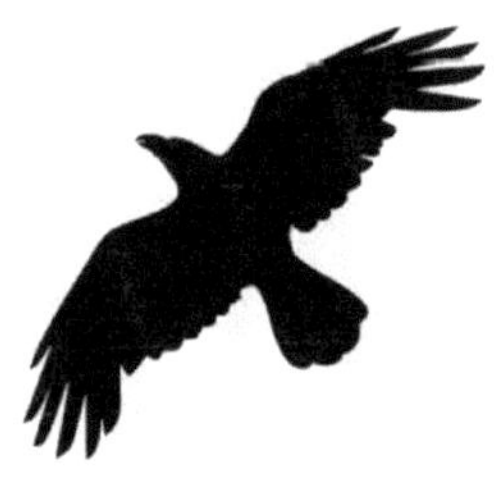

Sure 9 Vers 33

Im Namen Allahs des Allerbarmers, des
Barmherzigen
Er ist es, der seinen Gesandten mit der
Führung und der wahren Religion geschickt
hat, auf dass er sie über alle
Religionen siegen lasse; mag es den
Götzendienern auch zuwider sein.

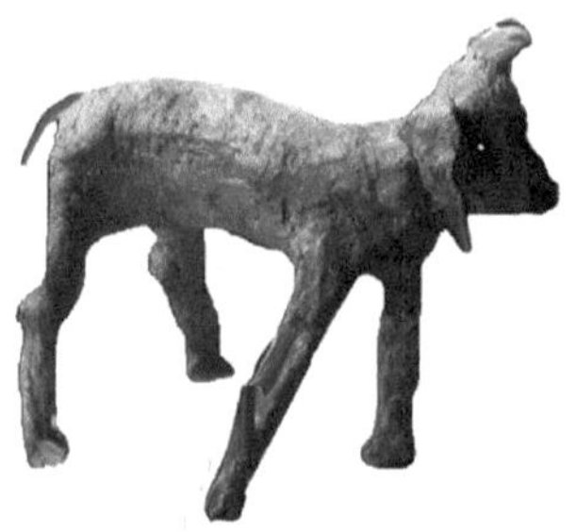

Plakat 25

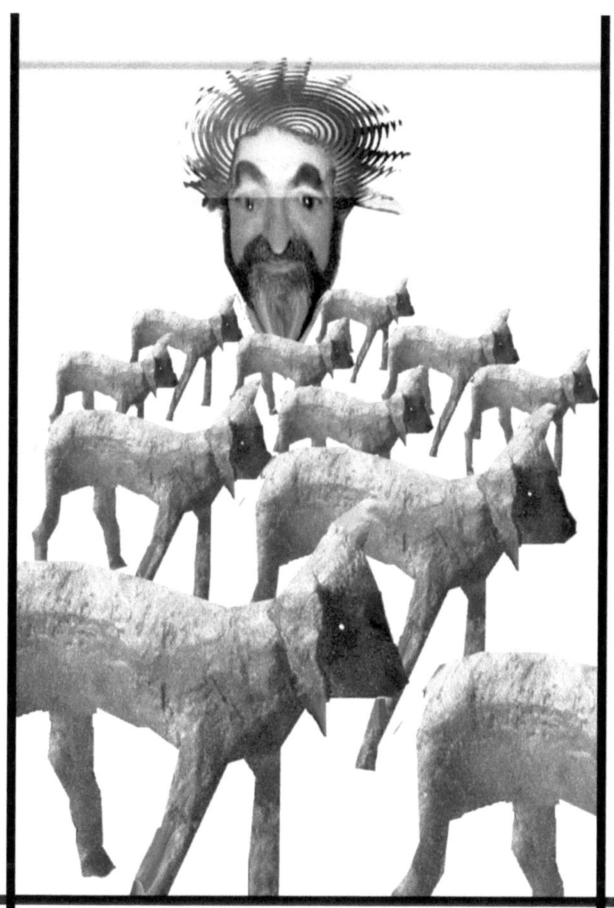

Religiöser Wahn und der Wahn, mächtig zu sein, haben beide denselben Nährboden: die Dummheit.

Plakat 26

Macht

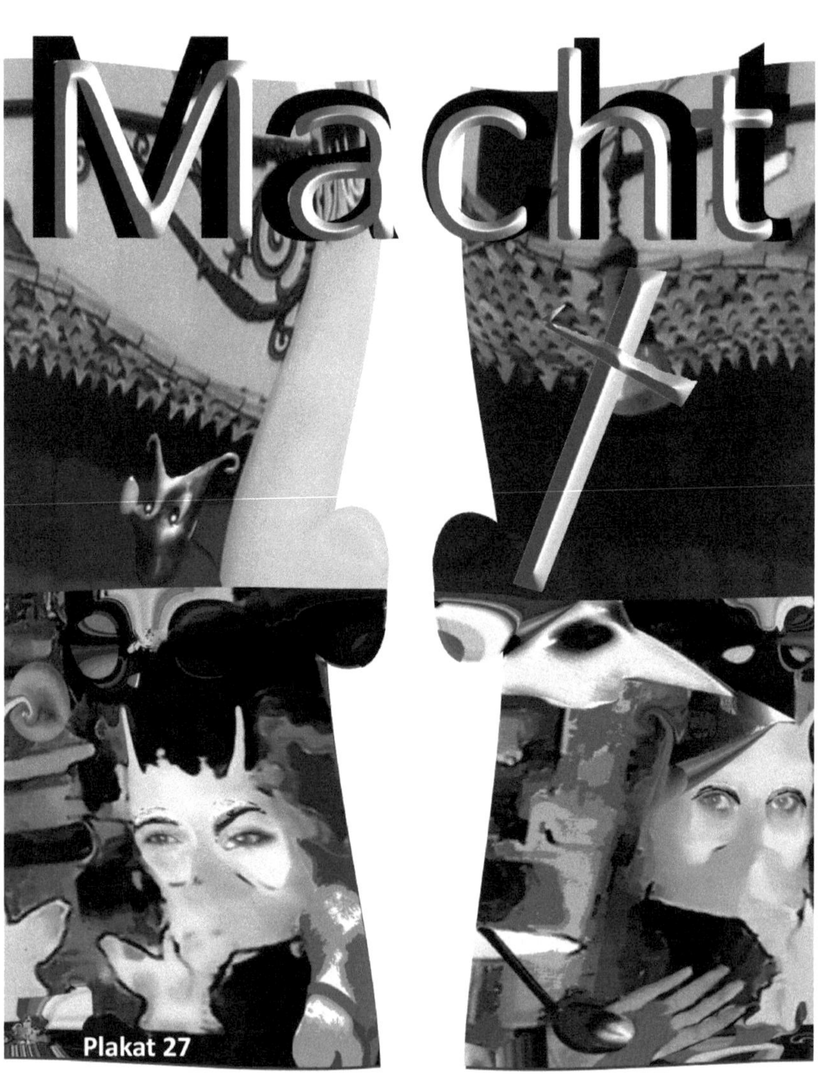

Kirchliche Macht?

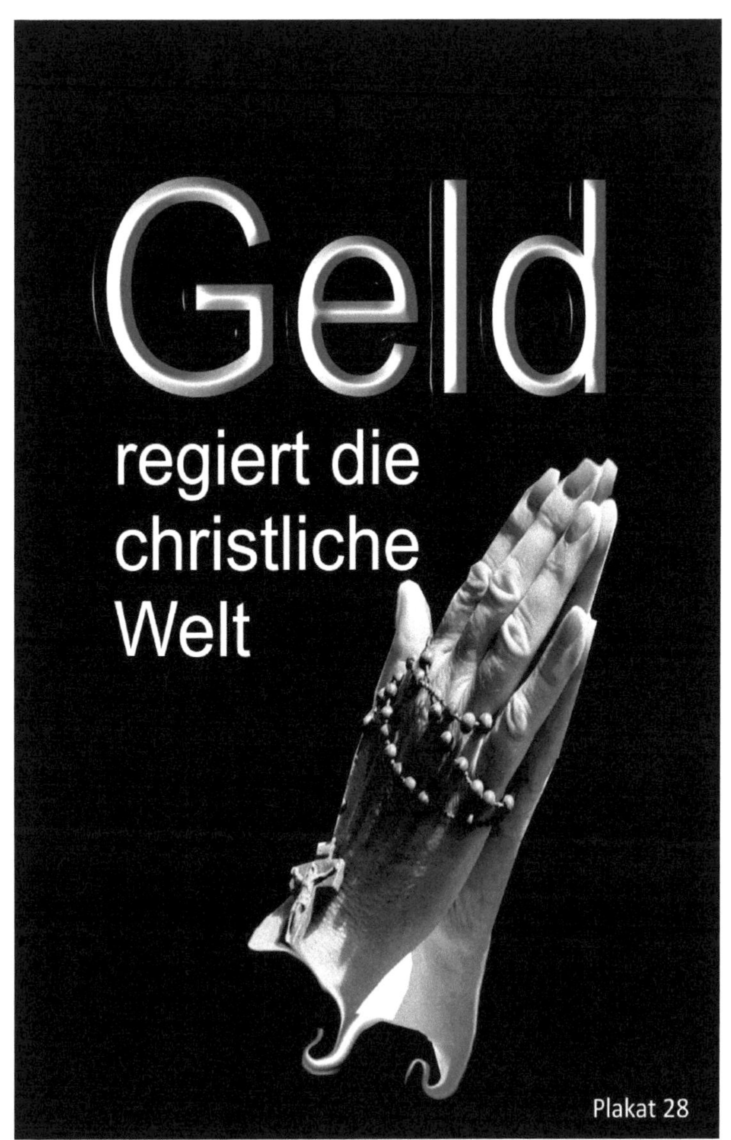

Geld
regiert die
christliche
Welt
Plakat 28

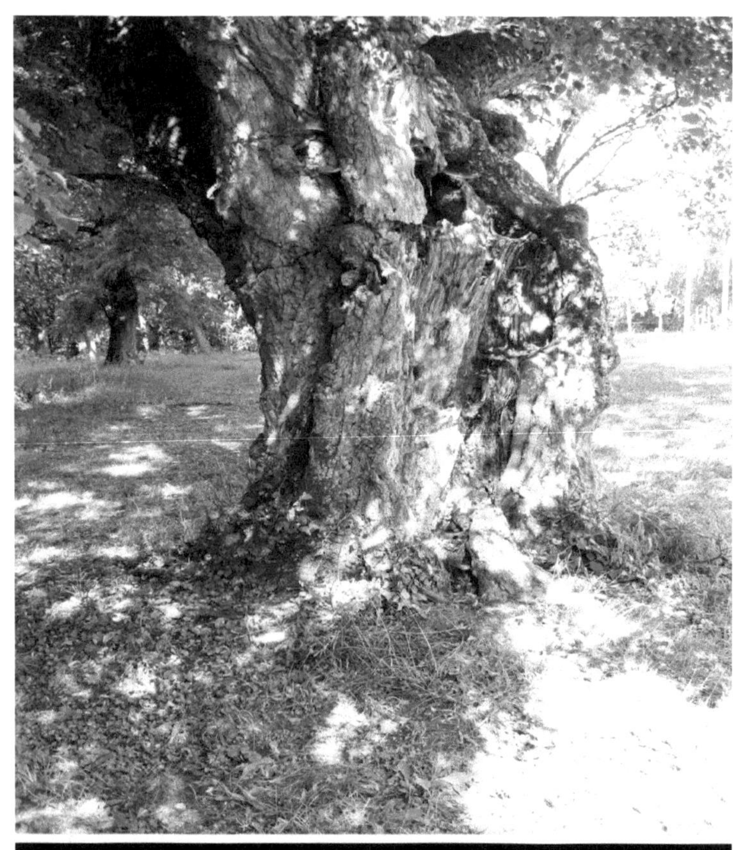

Ergebenheit des gläubigen Christen? Die hauptsächliche Leistung eines gläubigen Christen ist das SICH FÜGEN. Wer ist ein tatsächlicher Christ? Wer ist ein komischer Heiliger?

Plakat 29

... Der Ämtler in Sachen kirchlicher Kar-
riere? Der Anhäufer in Sachen Geld? Der
Artige in Sachen Ehre? Der Aufschieber in
Sachen Entscheidungen? Der Beflissene in
Sachen Kirchendienst-Tauglichkeit und
Treue? Der ewige Gängler? Der ewig
Gleichgesinnte in Sachen Gesinnung?

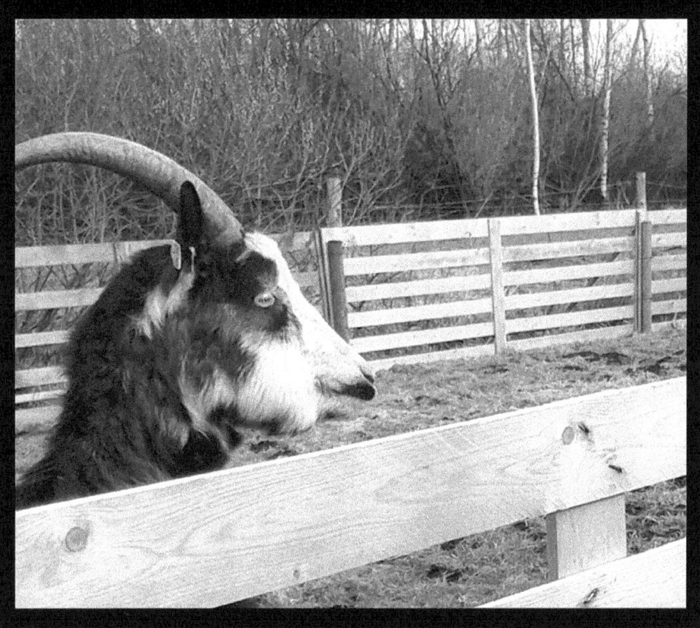

Plakat 30

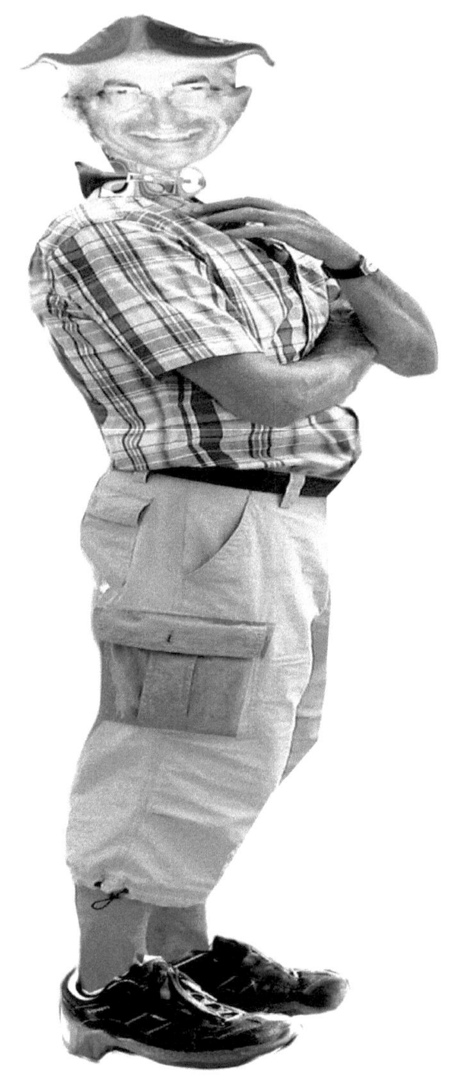

Plakat 31

Gott
hat dir einen
Schuh gegeben,
der passt.
Hege und pflege ihn.
Denn der passende
Schuh ist unbezahlbar.

Schau in unsere Welt:
Gott trägt selbst die
schlechtesten Schuhe!

Plakat 32

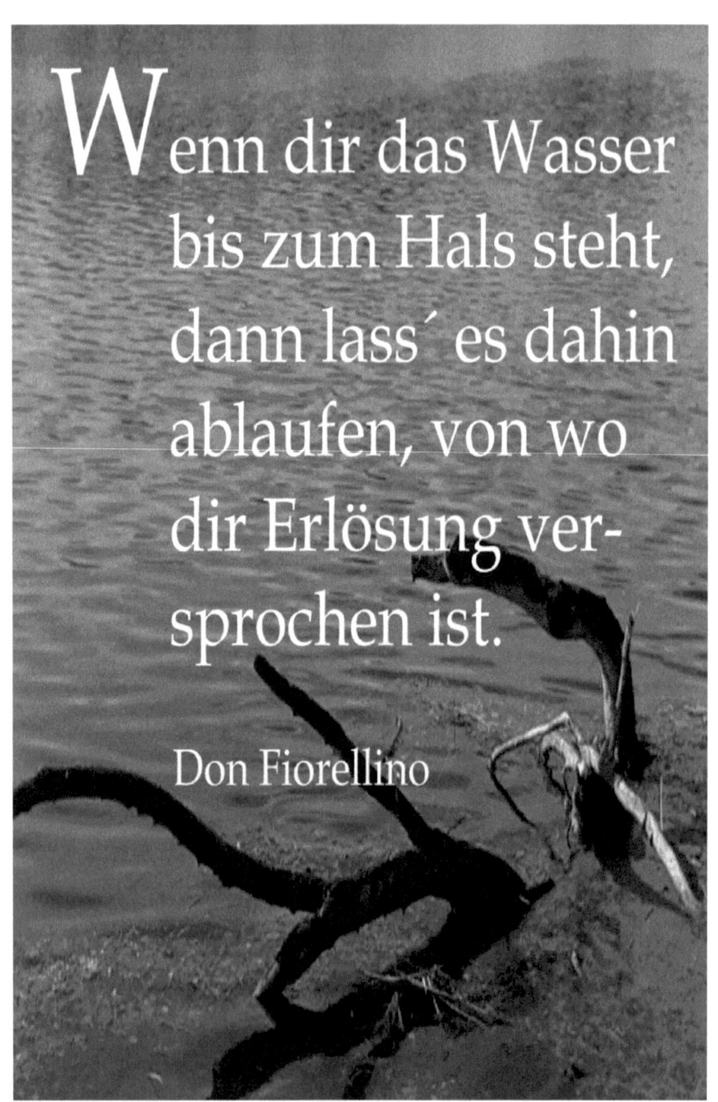

Wenn dir das Wasser
bis zum Hals steht,
dann lass´ es dahin
ablaufen, von wo
dir Erlösung ver-
sprochen ist.

Don Fiorellino

Plakat 33

Dein *Wort in Gottes* Ohr

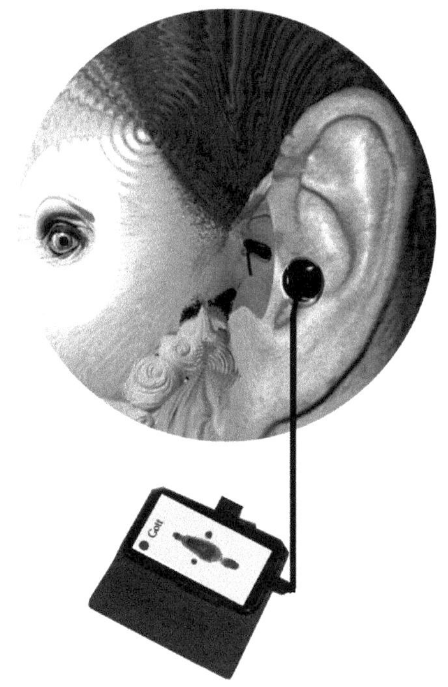

Ich hoffe, dass du Recht behältst

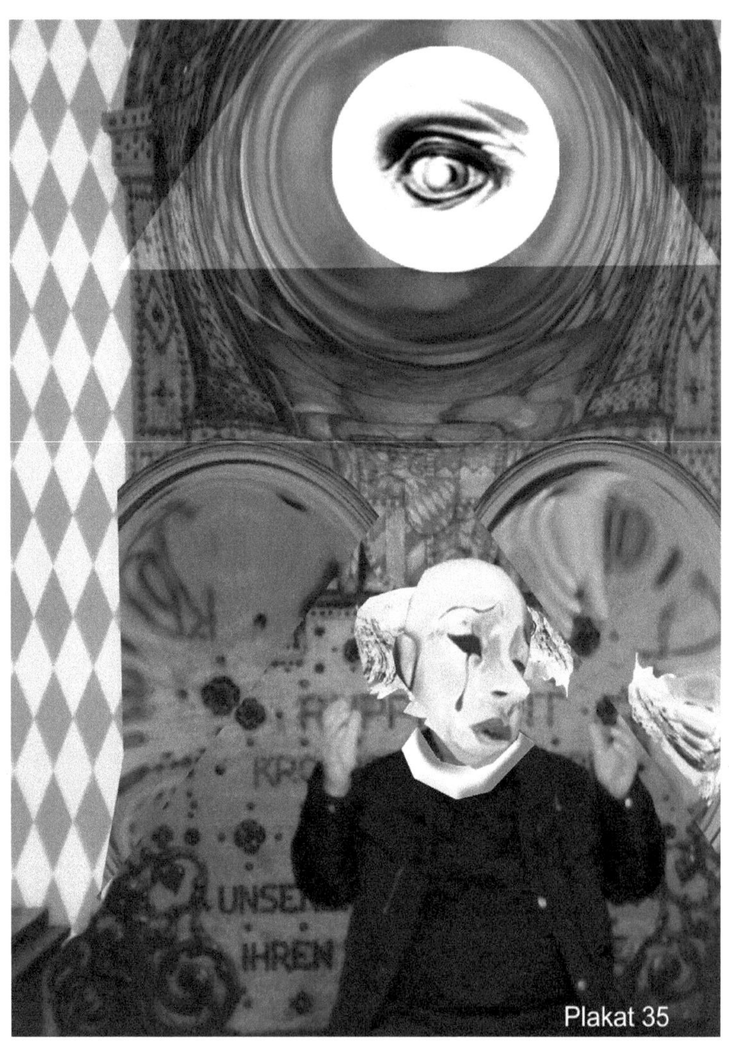

Wahrlich, ich sage euch ...

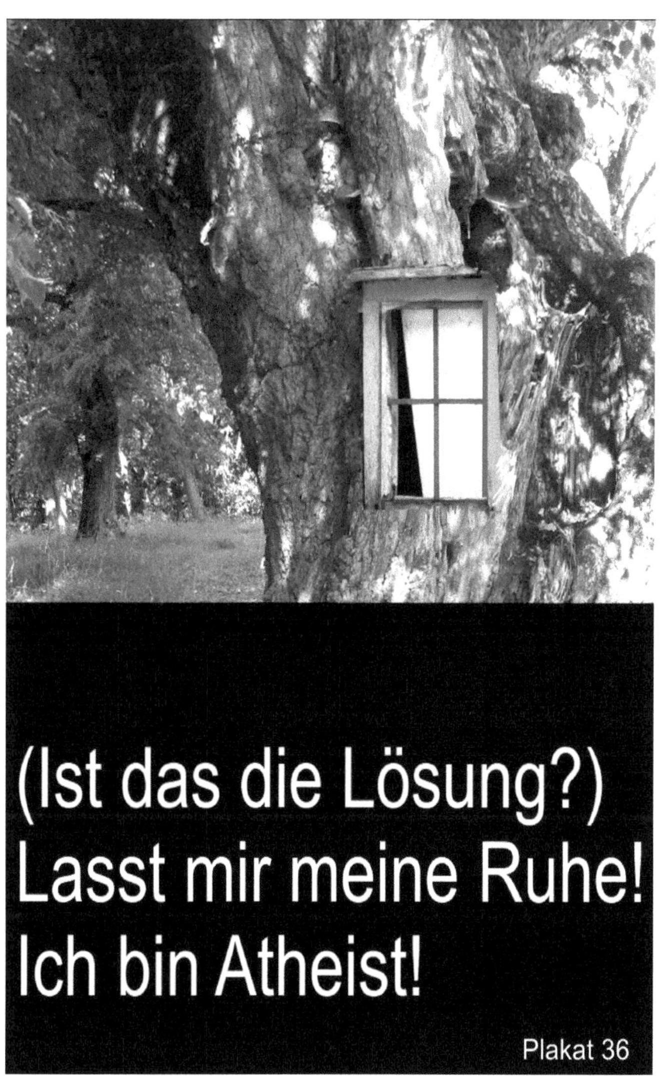
(Ist das die Lösung?)
Lasst mir meine Ruhe!
Ich bin Atheist!
Plakat 36

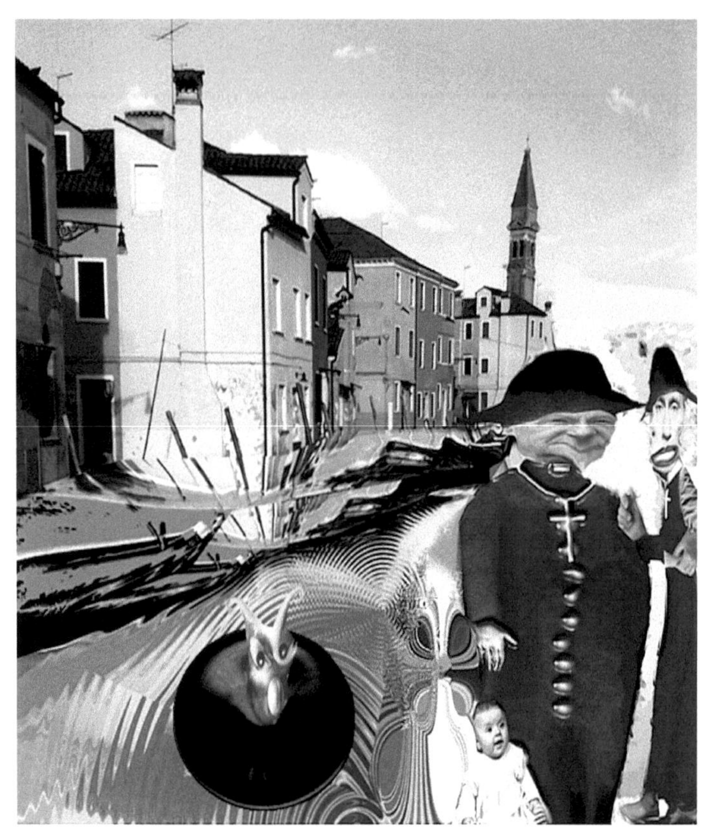

Pfarrer Blümchen: "Je weniger
Bedürfnisse ihr habt, desto freier
seid ihr!" Quanti meno bisgni avete,
più siete liberi.

Plakat 37

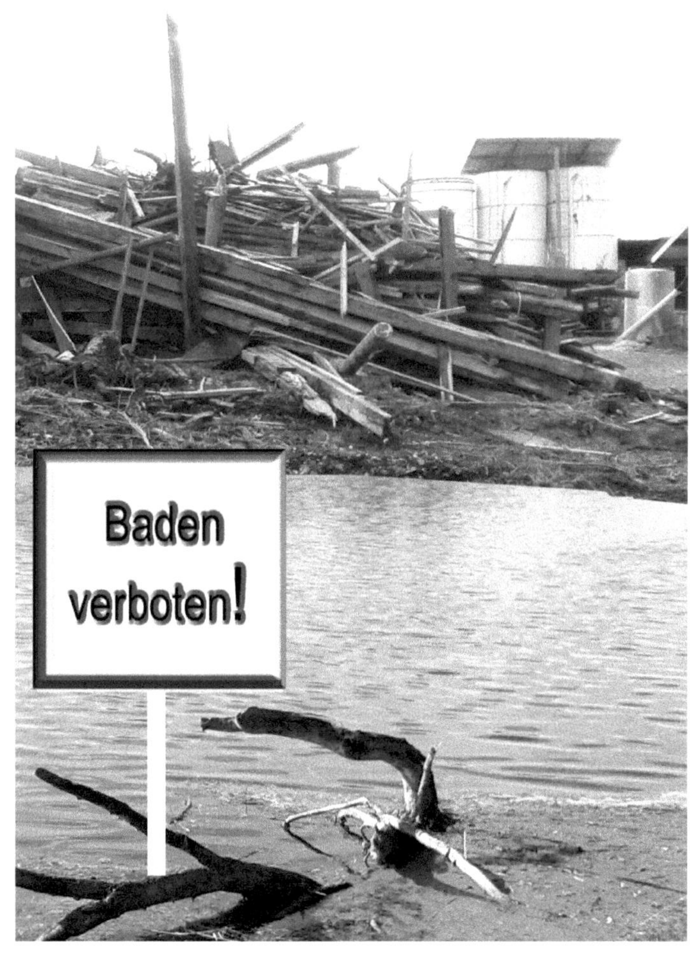

Plakat 38

Rein sei deine Seele wie ein See in der Stille

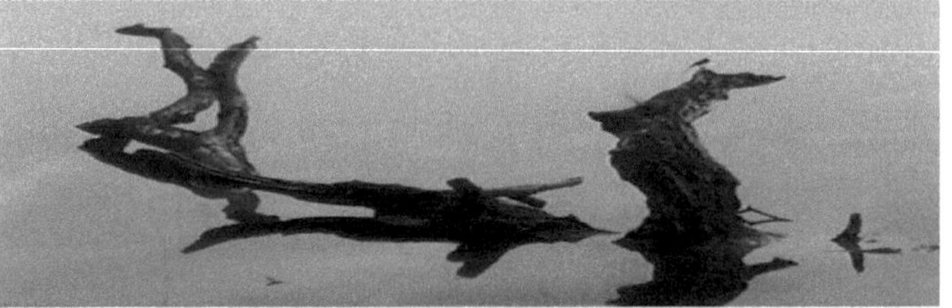

Lutherbibel 1912:
Ihr Narren, meinet ihr,
dass es inwendig rein
sei, wenn´s auswendig
rein ist?

Plakat 39

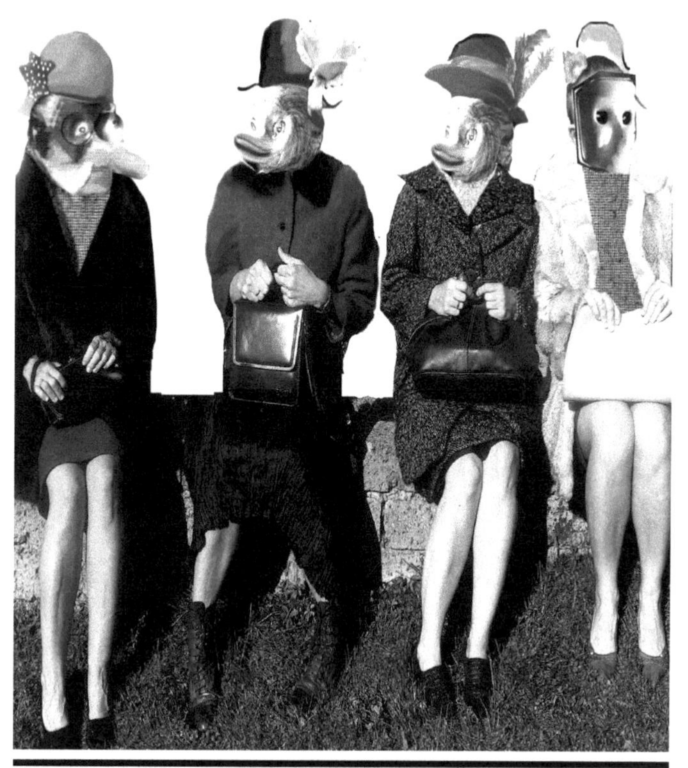

Wenn das so weiter geht, werden wir alle nur noch denken müssen.

Plakat 40

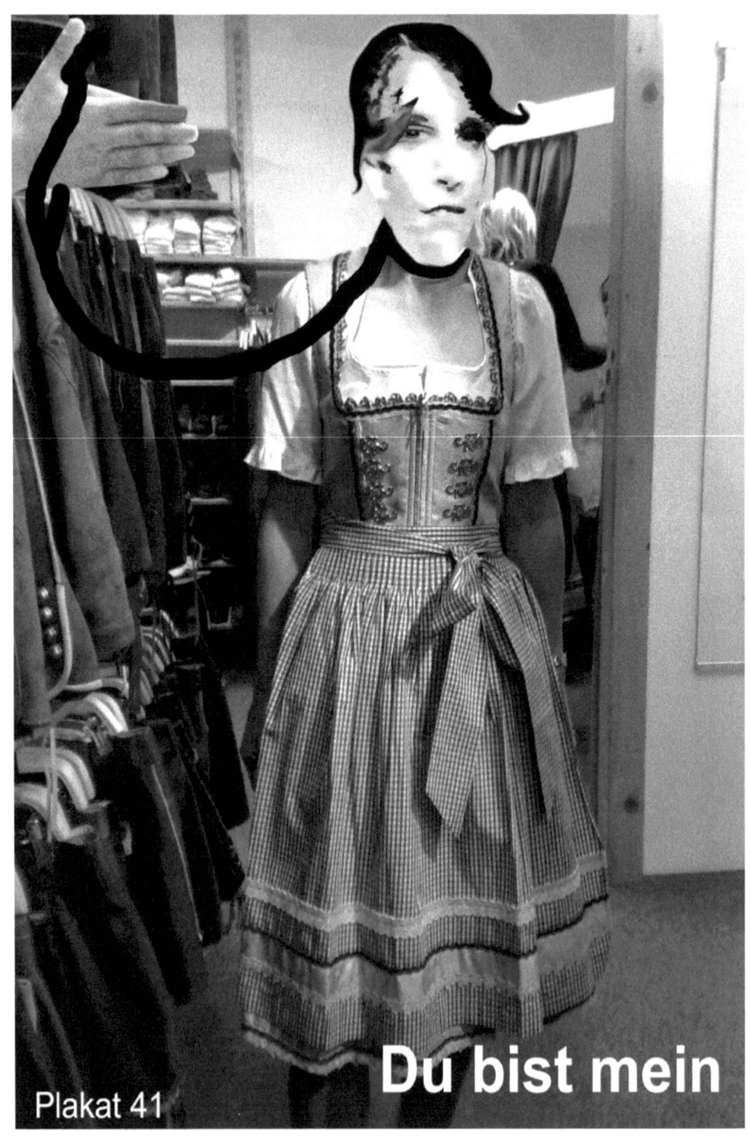
Du bist mein
Plakat 41

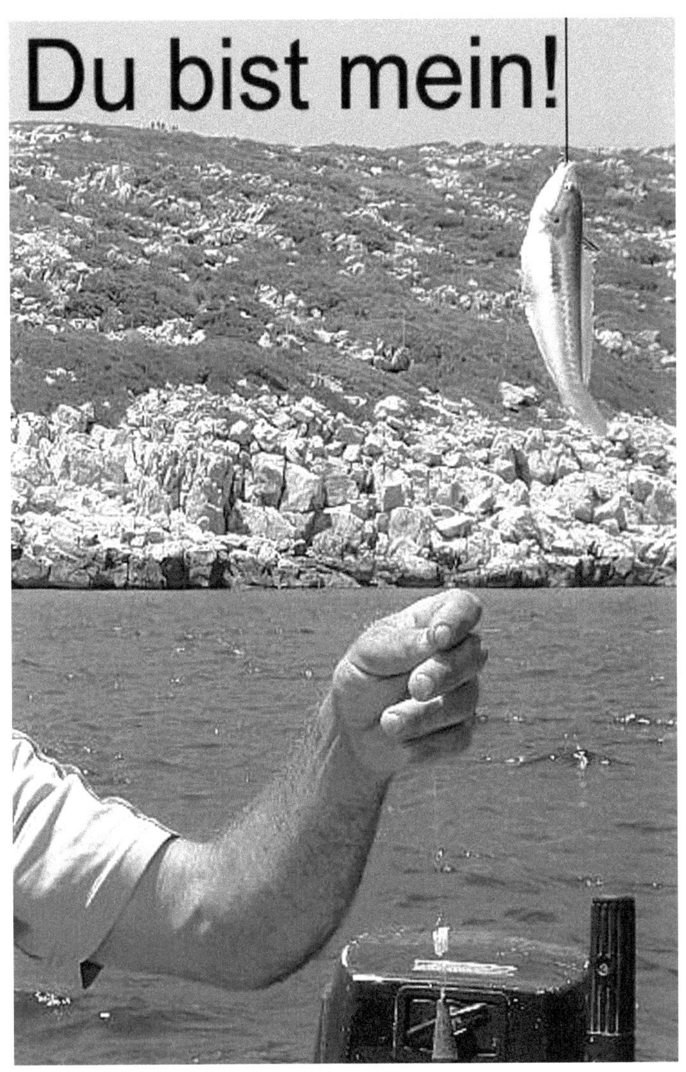

Plakat 42

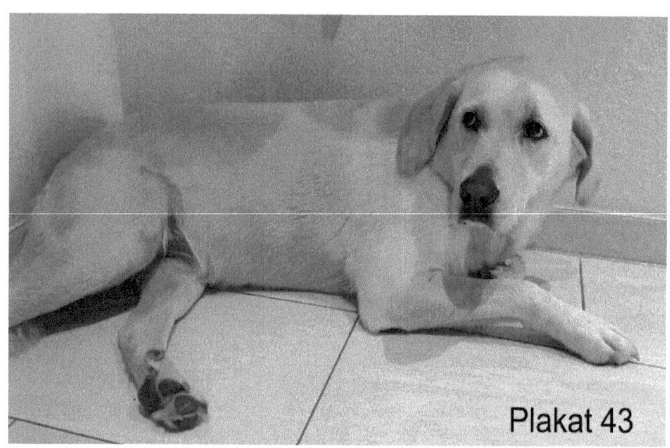

Plakat 43

Fürchte dich nicht, denn ich habe dich erlöst; ich habe dich bei deinem Namen gerufen; du bist mein!

43,1

Nayla Alkaddar:

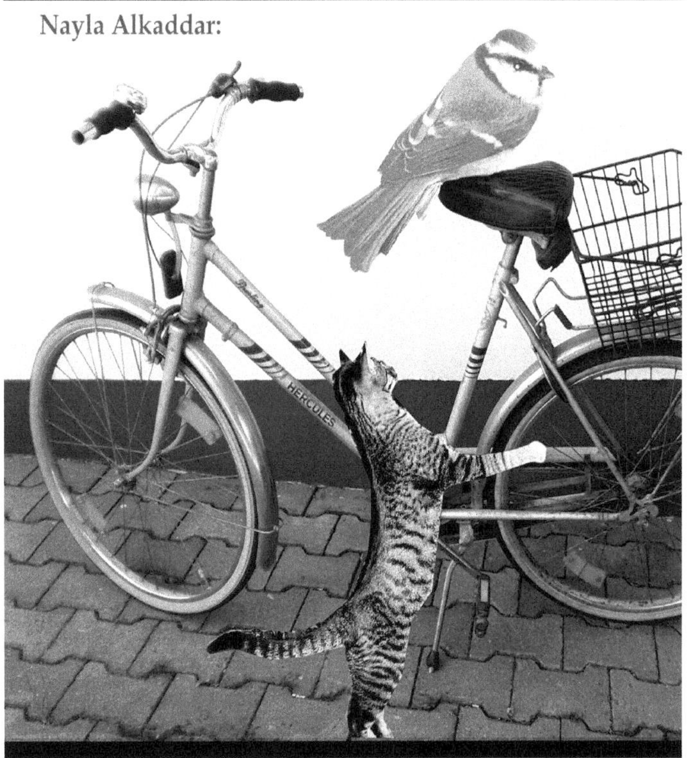

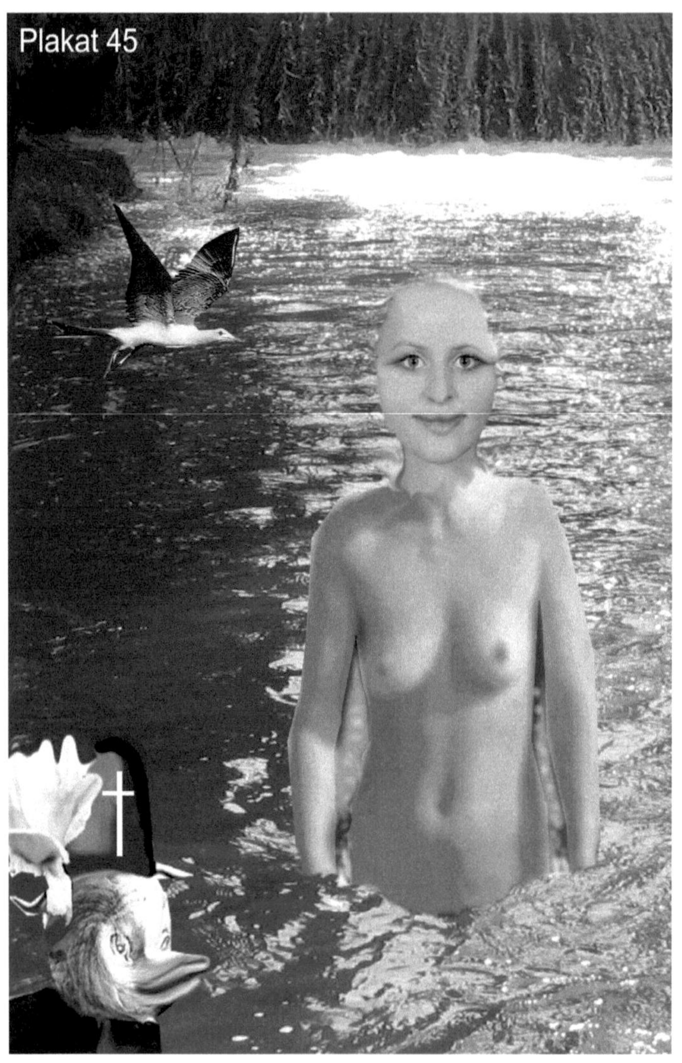
Plakat 45

Sex

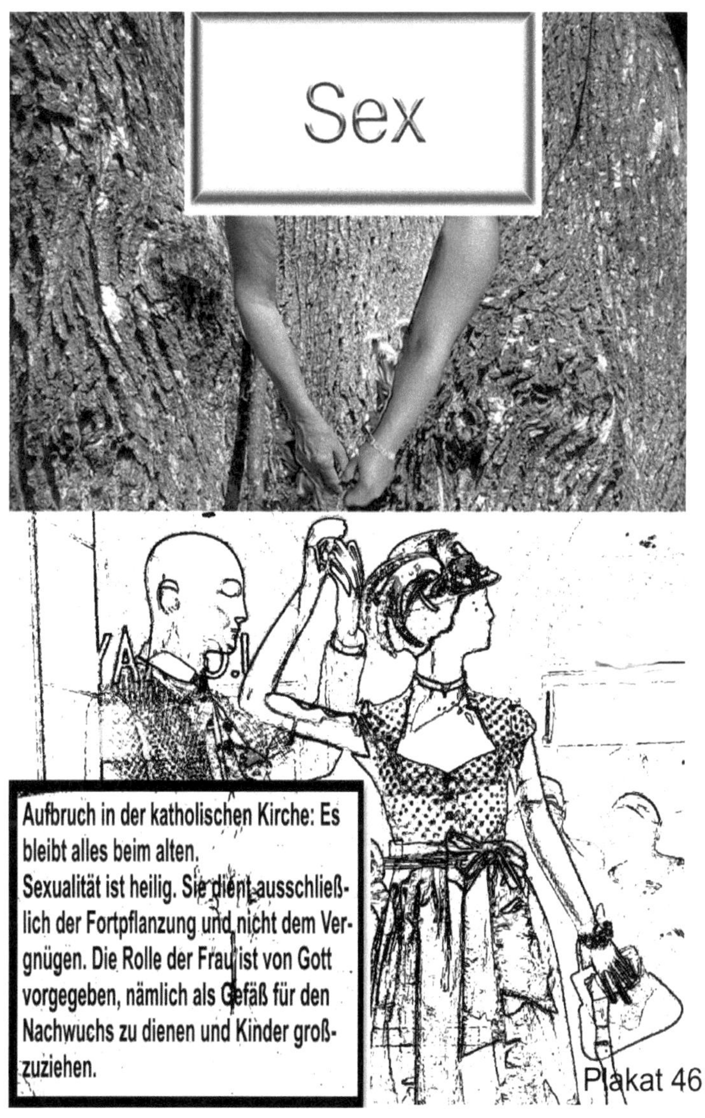

Aufbruch in der katholischen Kirche: Es bleibt alles beim alten.
Sexualität ist heilig. Sie dient ausschließlich der Fortpflanzung und nicht dem Vergnügen. Die Rolle der Frau ist von Gott vorgegeben, nämlich als Gefäß für den Nachwuchs zu dienen und Kinder großzuziehen.
Plakat 46

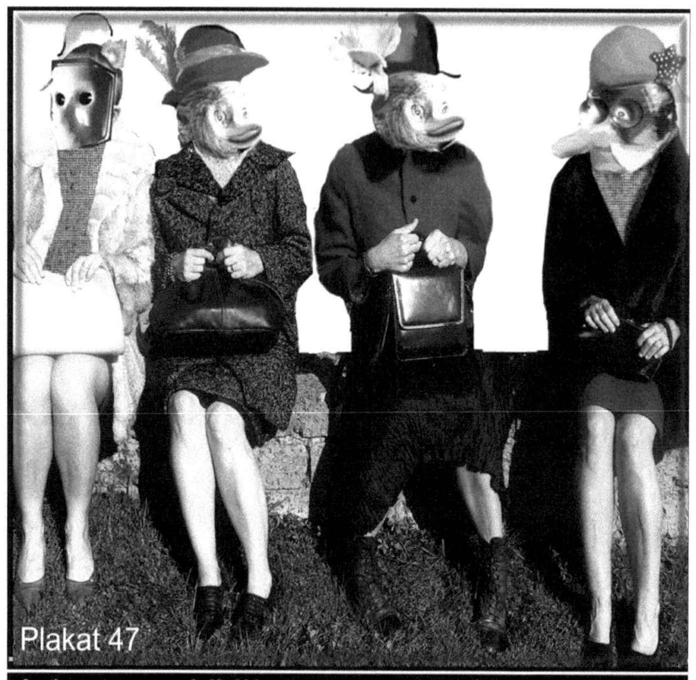

Johannes XXII. hat zur Mäßigung bei Rechtfertigungen von Letztbegründungen in der vorgegebenen Ordnung der Kirche aufgerufen. In Folge wurde er gegen seinen Willen zu Lebzeiten zum >Guten Papst< il papa buono hochstilisiert. Dabei hat man ihm die Flügel gestutzt und ihn als Reformer verharmlost

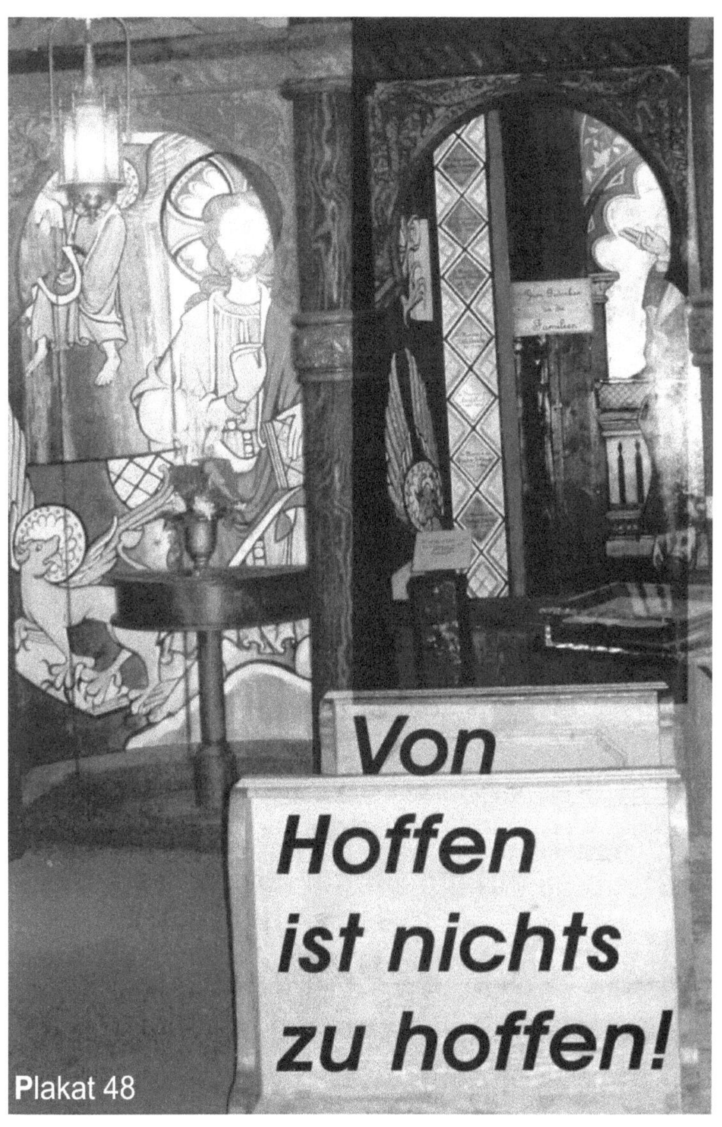

Plakat 48

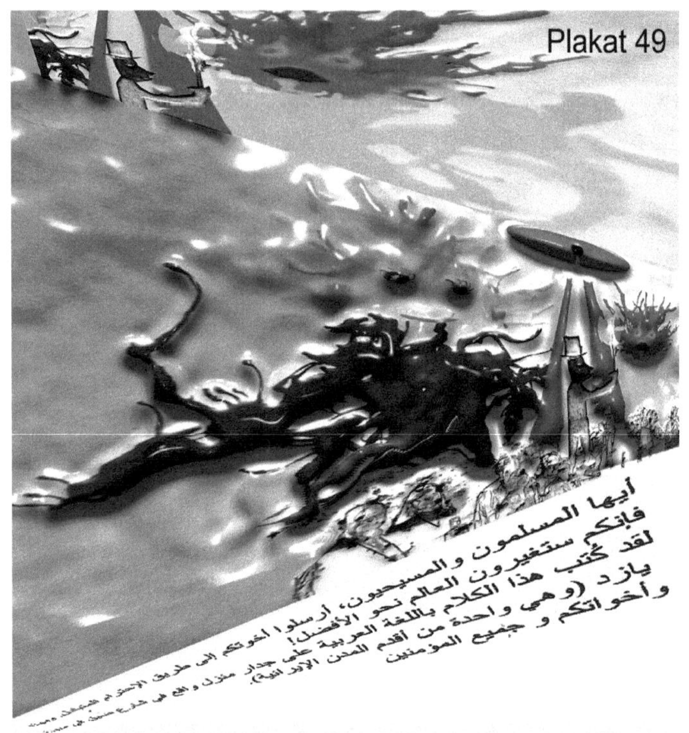

Muslime, Christen und andere, schickt eure Brüder und Schwestern, schickt alle Gläubige auf die Straße des Vertragens!

So steht es an der Hauswand in einer engen Gasse in Yazd, in einer Stadt im Iran geschrieben.

Nîzamî

Dein *Wort in Gottes* Ohr

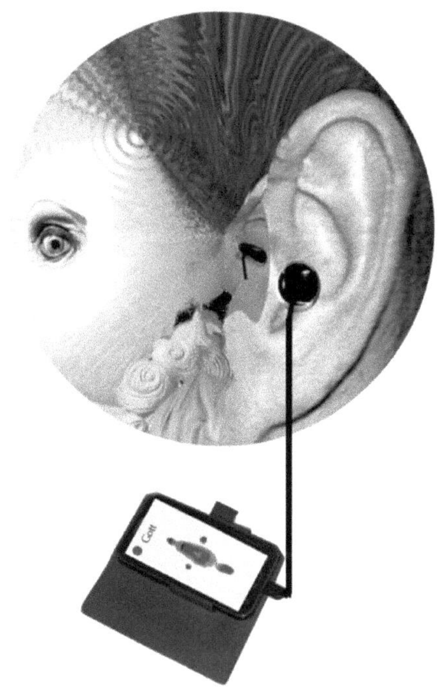

Ich hoffe, dass du Recht behältst

Plakat 50

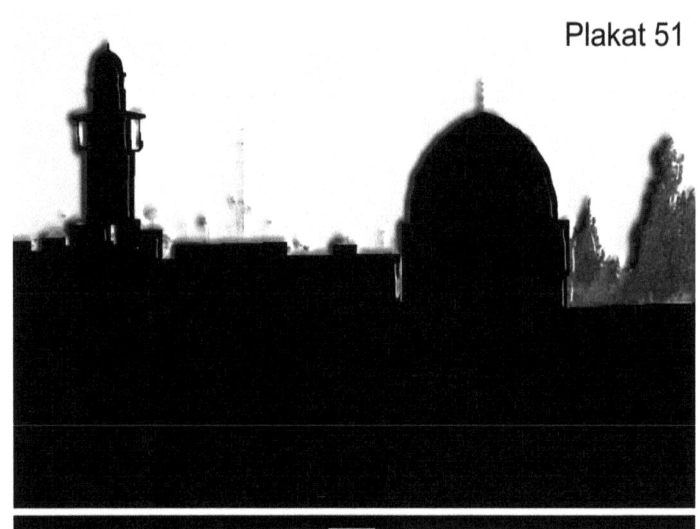

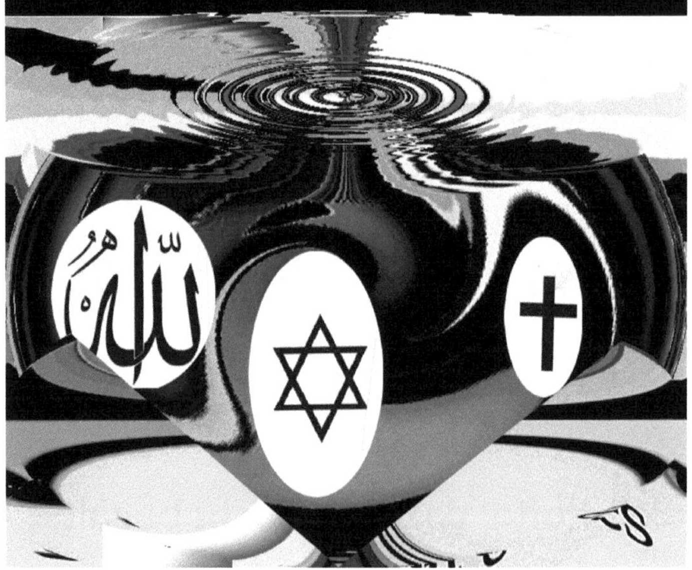

Was lehrt uns das Gezeter um den Tempelberg in Jerusalem?

Alle Weltreligionen streben nach

Weltherrschaft

Plakat 52

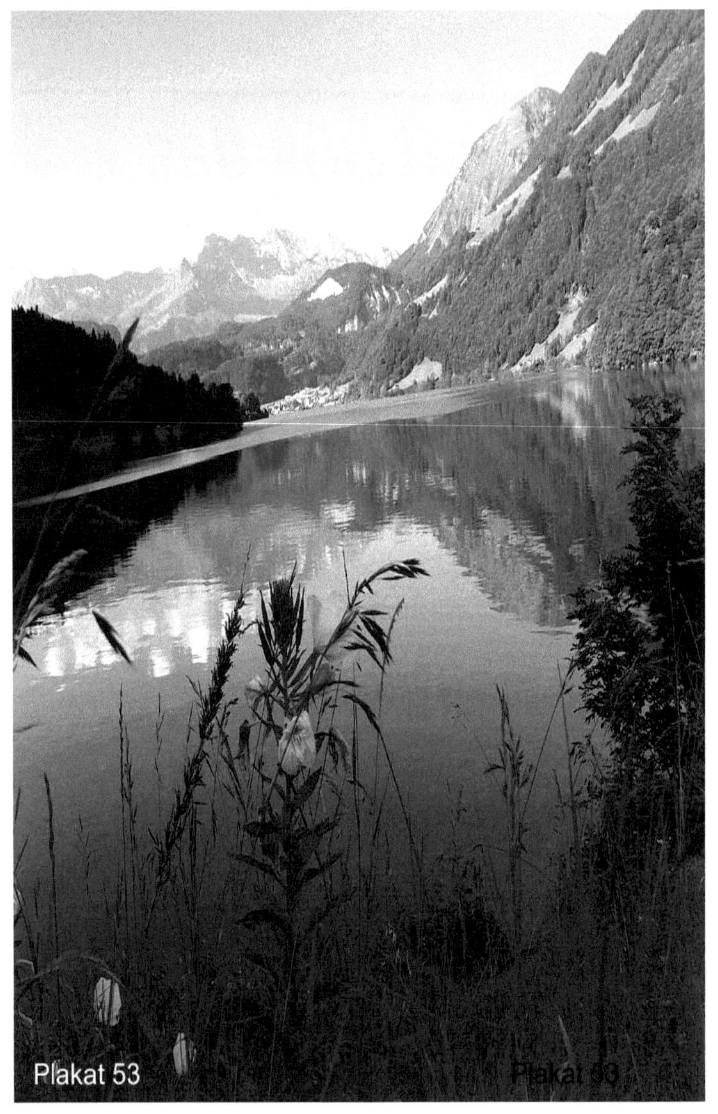
Plakat 53

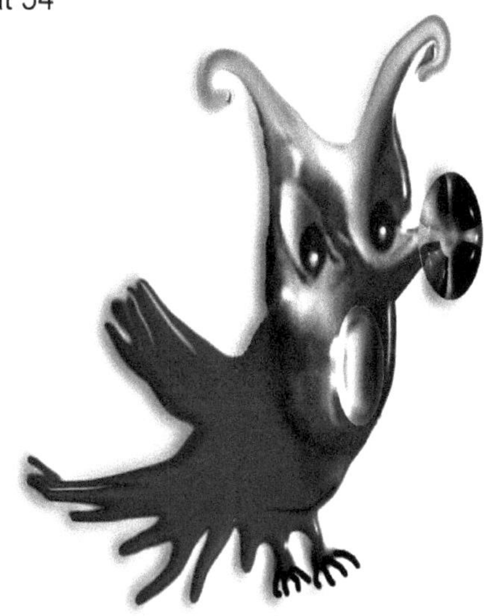

Die Schöpfung wird frei werden von
der Knechtschaft der Vergänglich-
keit zu der herrlichen Freiheit der
Kinder Gottes. Denn wir wissen, dass
die ganze Schöpfung bis zu diesem
Augenblick mit uns seufzt und sich
ängstigt. (Römer 8,19-22)

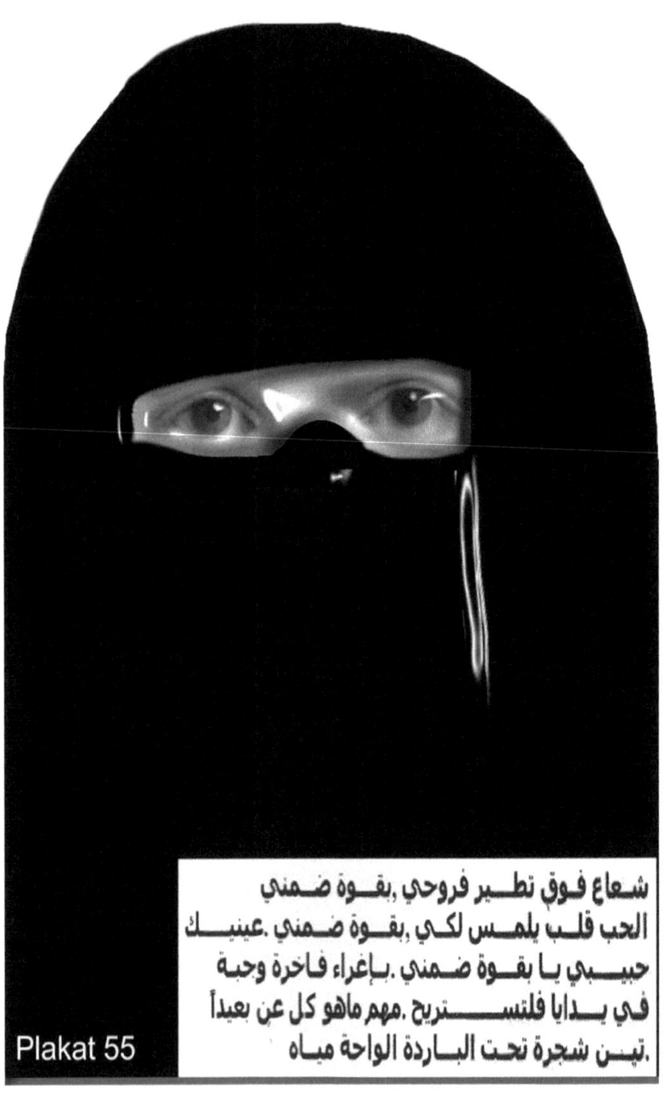

شعاع فوق تطير فروحي ,بقوة ضمني
الحب قلب يلمس لكي ,بقوة ضمني .عينيك
حبيبي يا بقوة ضمني .بإغراء فاخرة وجبة
في يدايا فلتستريح .مهم ماهو كل عن بعيداً
.تين شجرة تحت الباردة الواحة مياه
Plakat 55

Halt mich fest, denn meine Seele
schwebt auf deiner Augen Strahl.
Halt mich fest, verlockend spürt das Herz
der Liebe üppig Mahl.
Halt mich fest, weil, oh mein Lieber,
fern von allem Wichtigtun,
meine Hände unterm Feigenbaum
im kühlen Wasser der Oase ruhn.

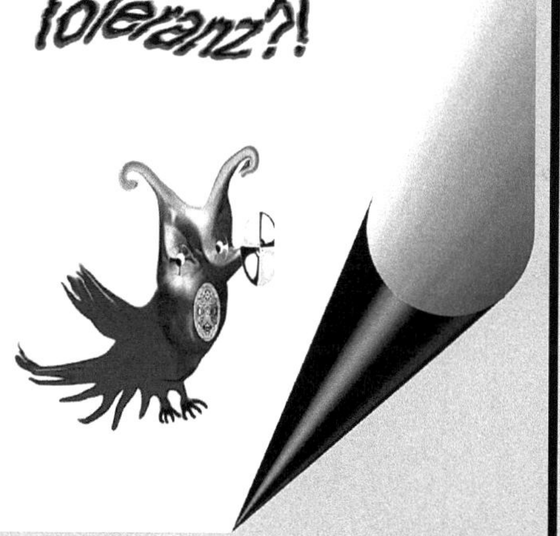

Plakat 56

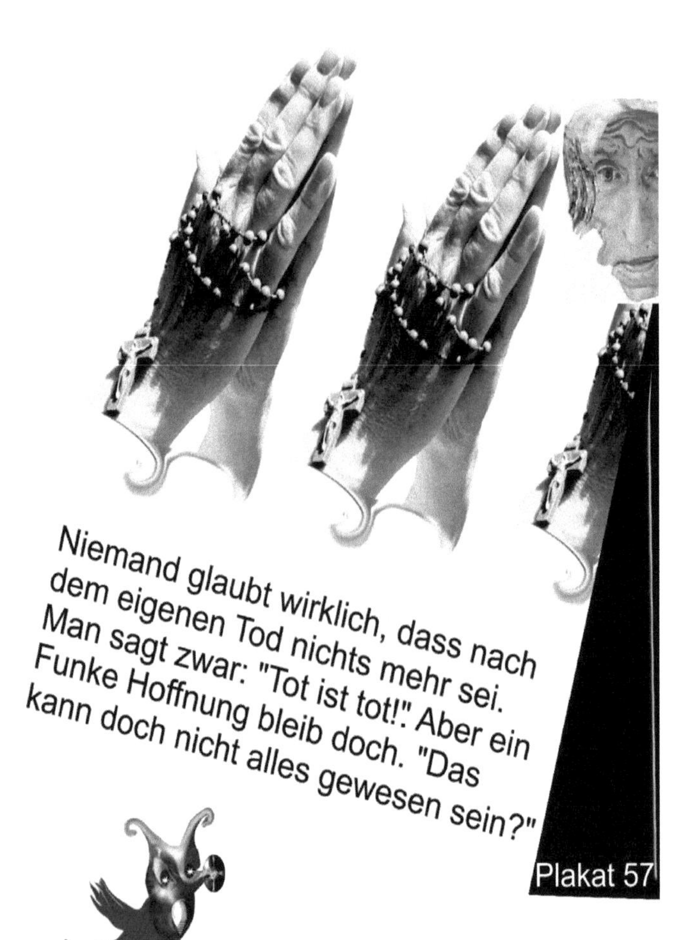

Niemand glaubt wirklich, dass nach dem eigenen Tod nichts mehr sei. Man sagt zwar: "Tot ist tot!". Aber ein Funke Hoffnung bleib doch. "Das kann doch nicht alles gewesen sein?"
Plakat 57

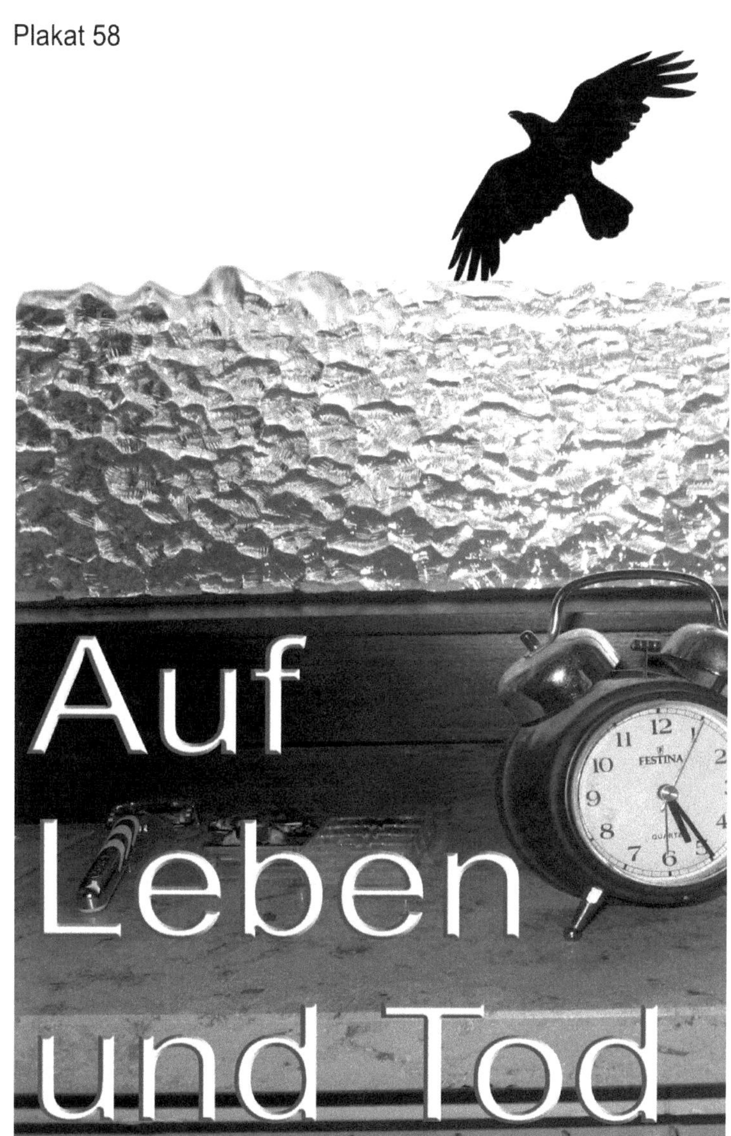

Auf
Leben
und Tod

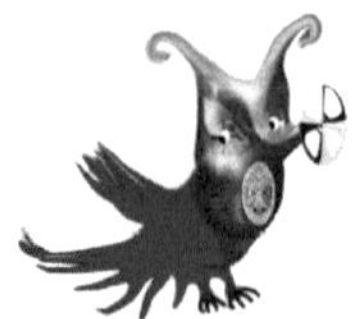

Maria, Kind der Madonna, Villagio della Gioia,
Apennin (Italien), 1961:

**"Alles, was der Mensch sich vorstellen kann, gibt
es oder wird es eines Tages geben. Wie könnte
sich der Mensch etwas vorstellen, das es gar nicht
gibt oder niemals geben wird? Also gibt es ihn!"**

Stipes:

"Wenn man glaubt, ist alles möglich!"

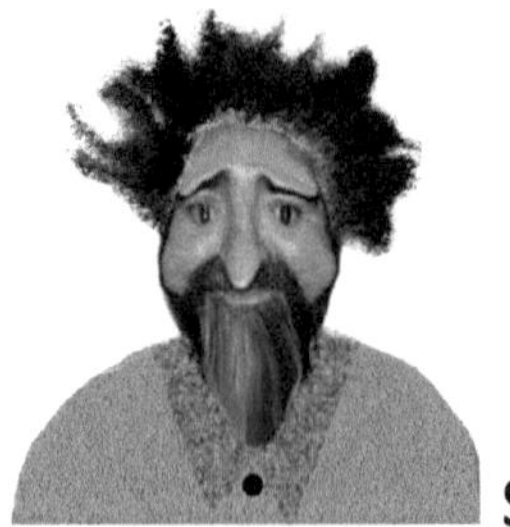

Stipes

Plakat 59

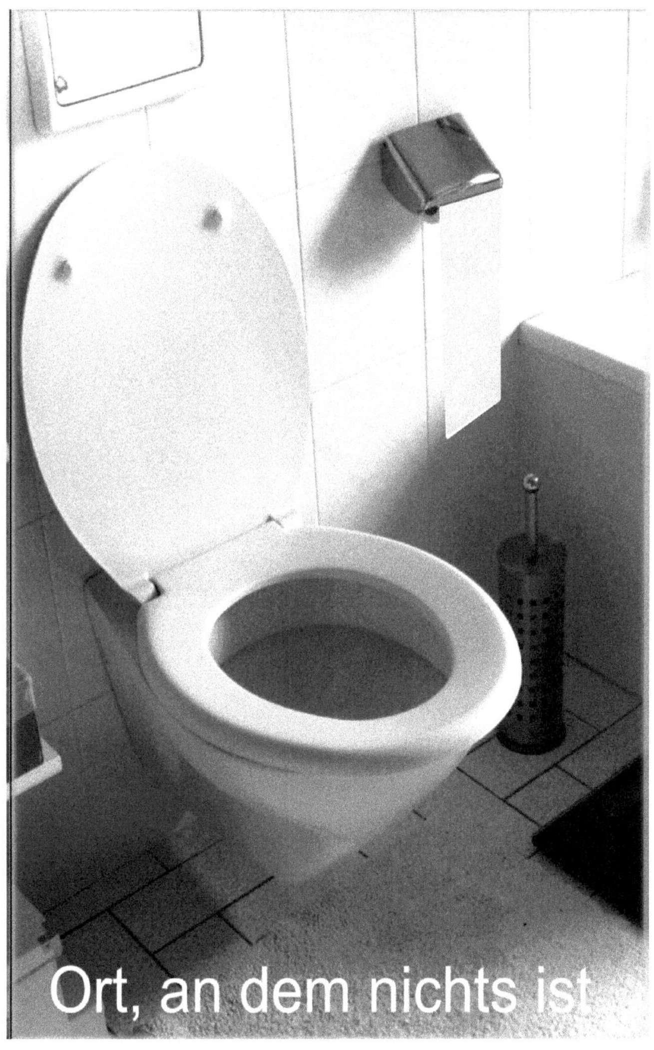
Ort, an dem nichts ist

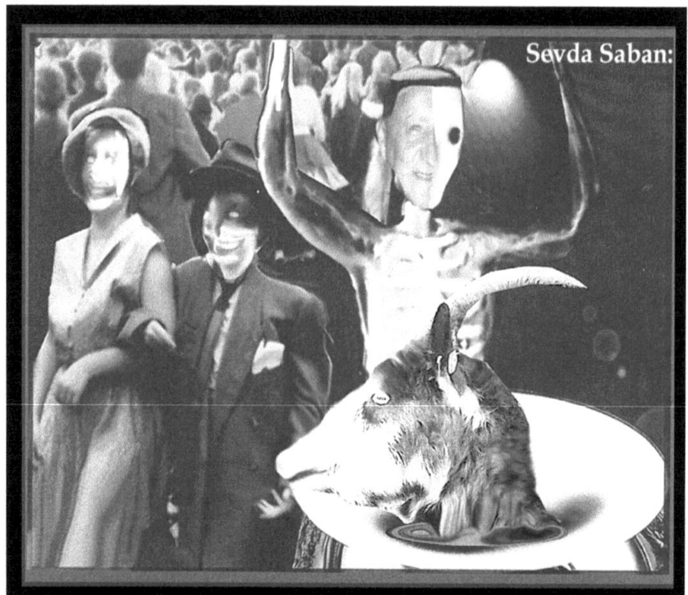

Es ist halt bequem, sich einen Gott zu erfinden, insbesondere einen, der alles richten soll, wenn man ihn darum bittet. Es ist im wahrsten Sinne des Wortes ein unglaubliches Unterfangen, sich in der Welt mit einem Gott zu Recht zu finden. Wollten doch die Lebensumstände, dass Gott einen Sinn hätte.

Plakat 61

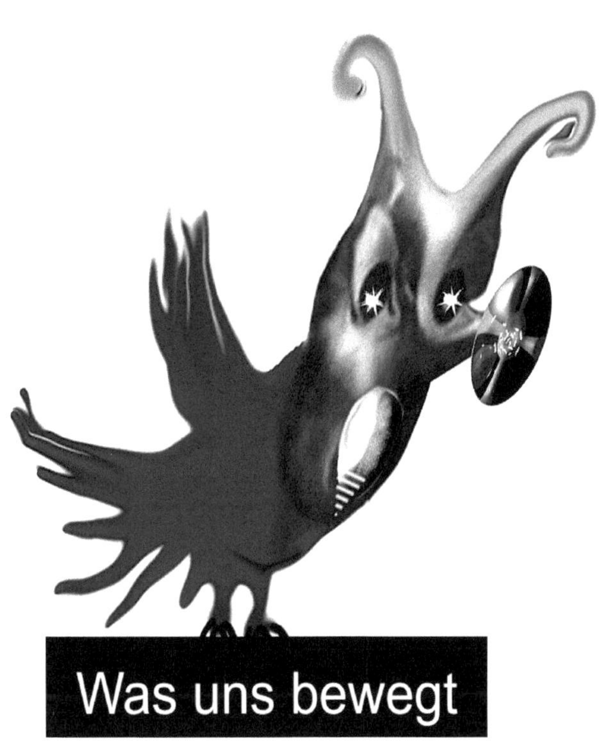

Plakat 62

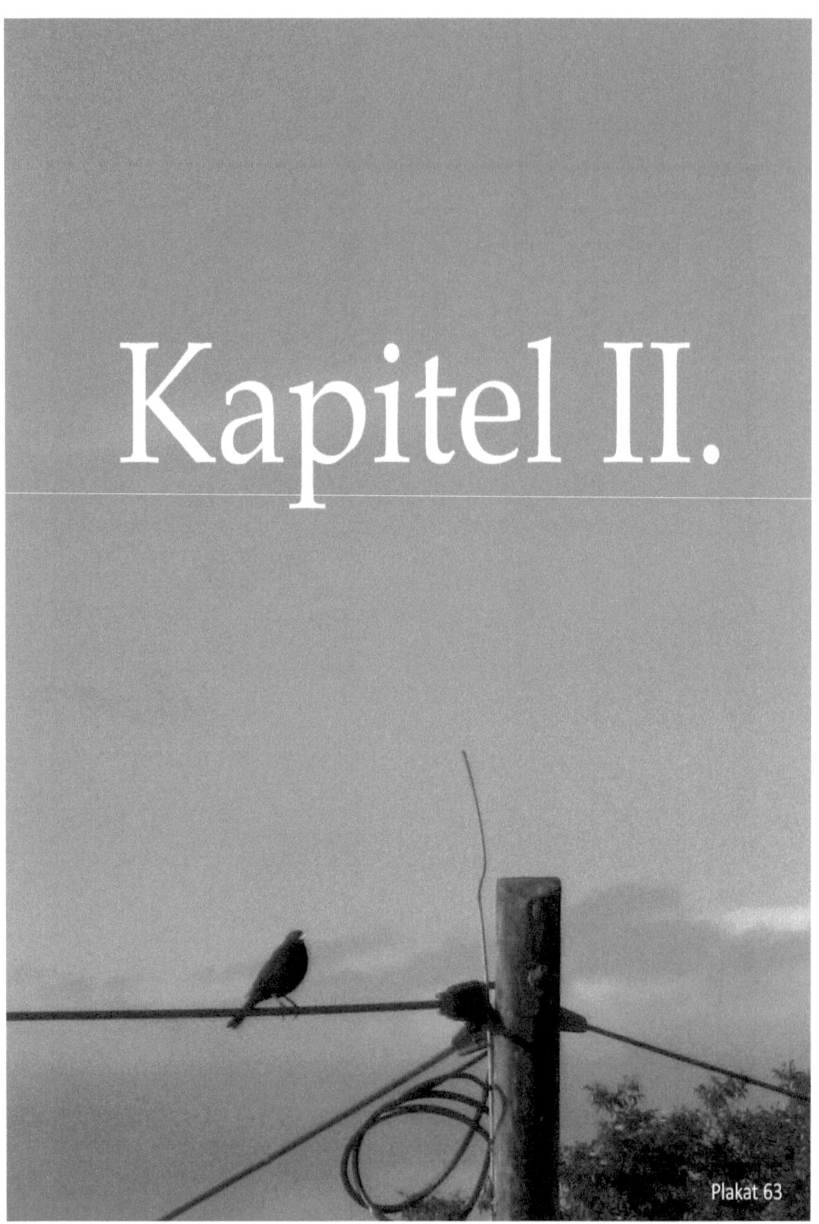

Kapitel II.

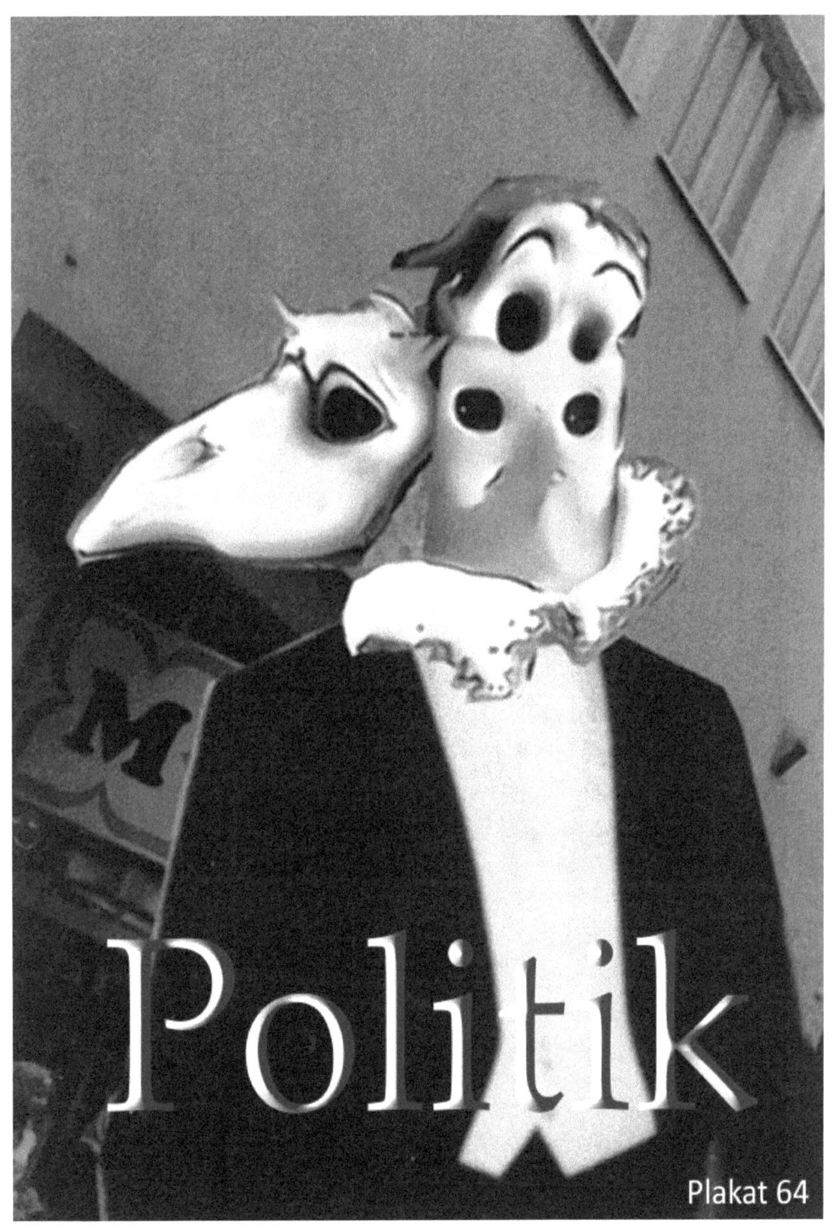
Politik
Plakat 64

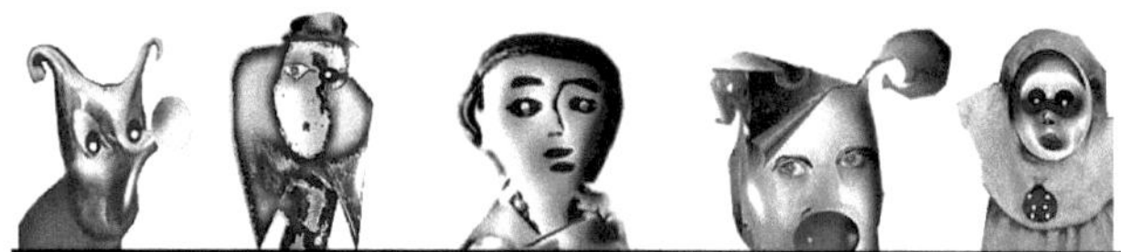

...in der besten aller Welten?

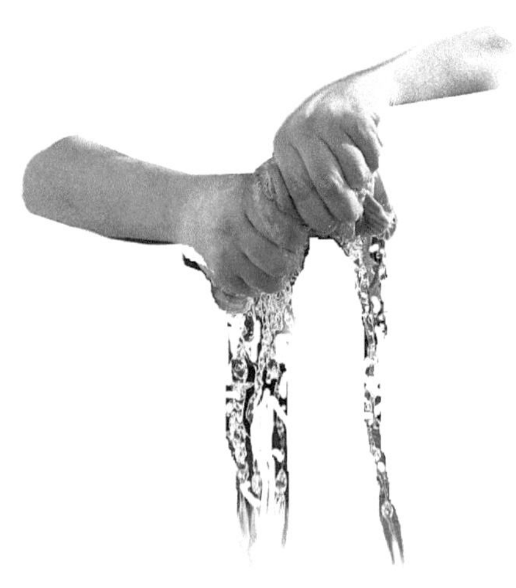

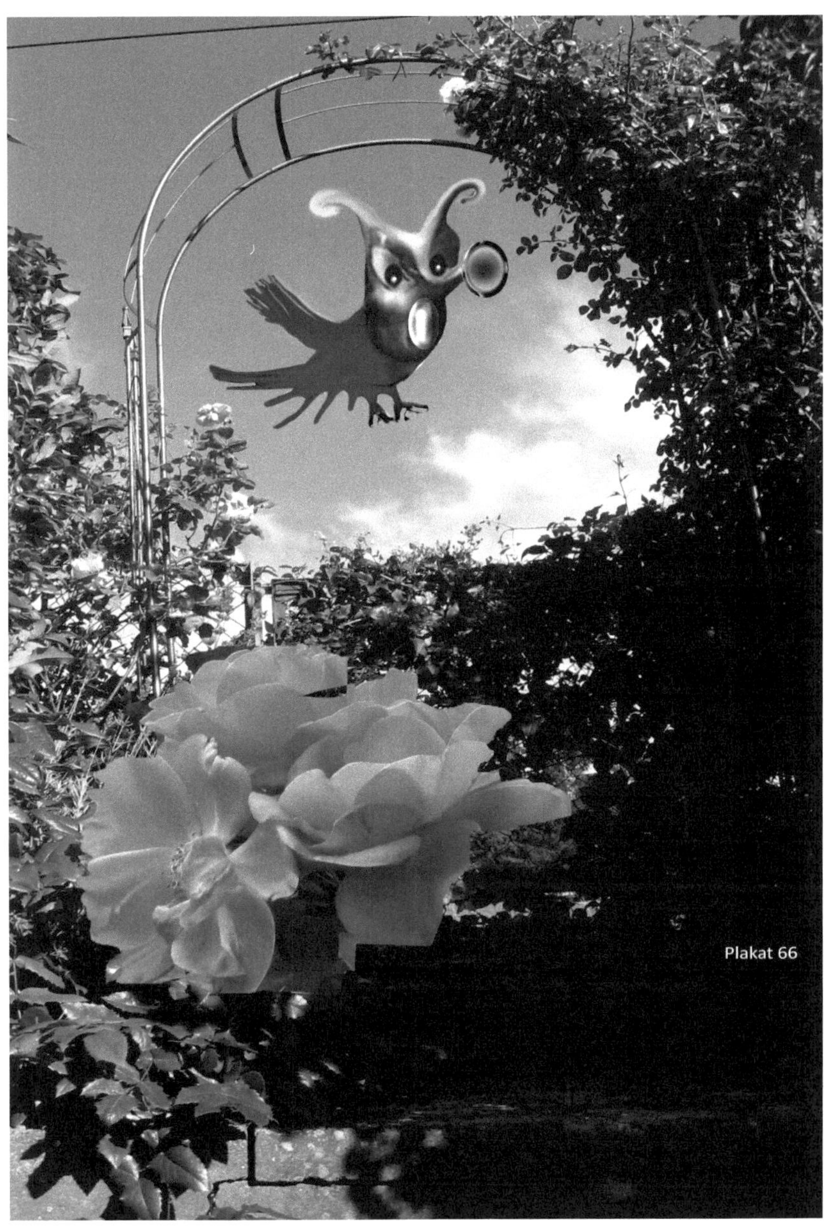

Plakat 66

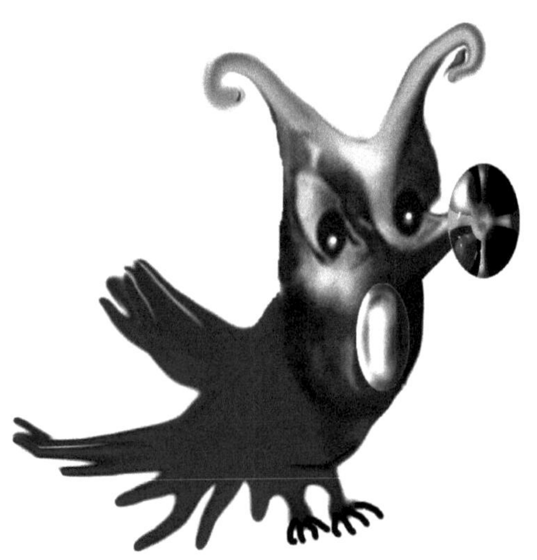

Nach dem Philosophen Leibniz wäre Gott nicht das vollkommene Wesen, wenn er etwas anderes als die *"beste aller möglichen Welten"* für uns Menschen er-schaffen hätte.

Wir leben also in der besten aller möglichen Welten!

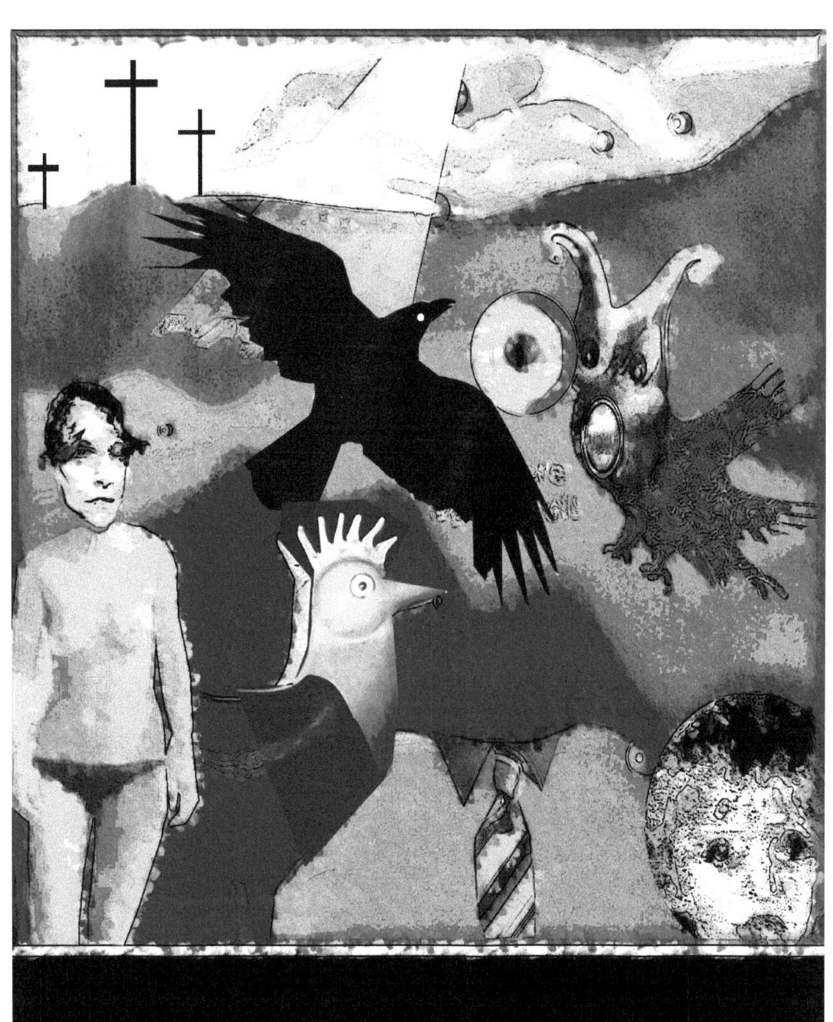

Die beste aller Welten?
Plakat 68

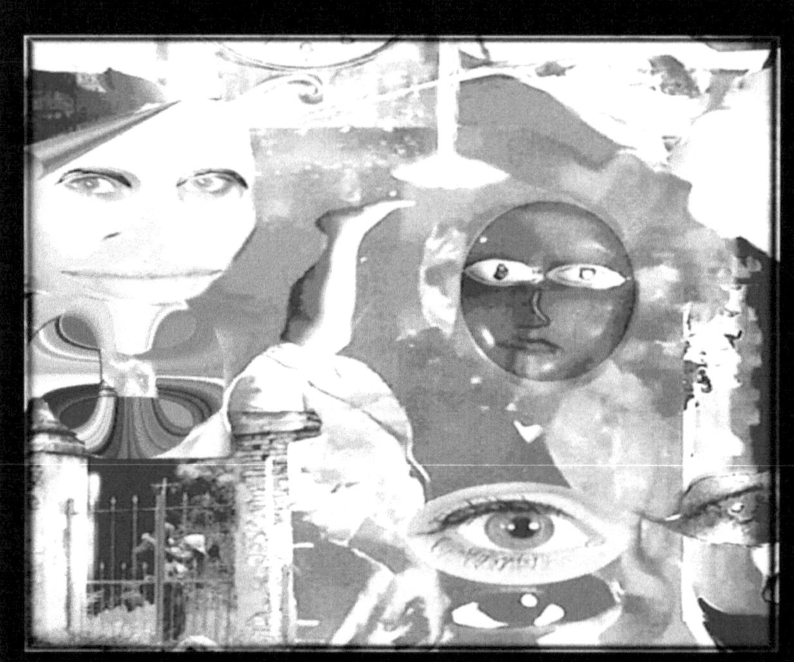

Religion und Gesellschaft

Schauen Sie um und in sich:
Die menschliche Gesellschaft
ist rundum geisteskrank.

Bauer Stipes

Plakat 69

Die Geschichte der Menschheit
ist die Geschichte des Größen-
wahns und in Folge die der fre-
netischen Begeisterung für
Größenwahnsinnige.

Die Zwerge der Macht bekom-
men plötzlich Oberwasser.
Schreibtischtäter bereiten den
Weg für Massenmörder. Der
Mensch ist gut, wenn er auf der
vermeintlich richtigen Seite
steht.

Plakat 70

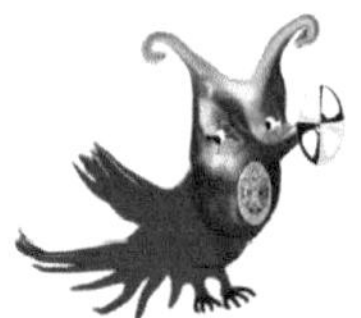

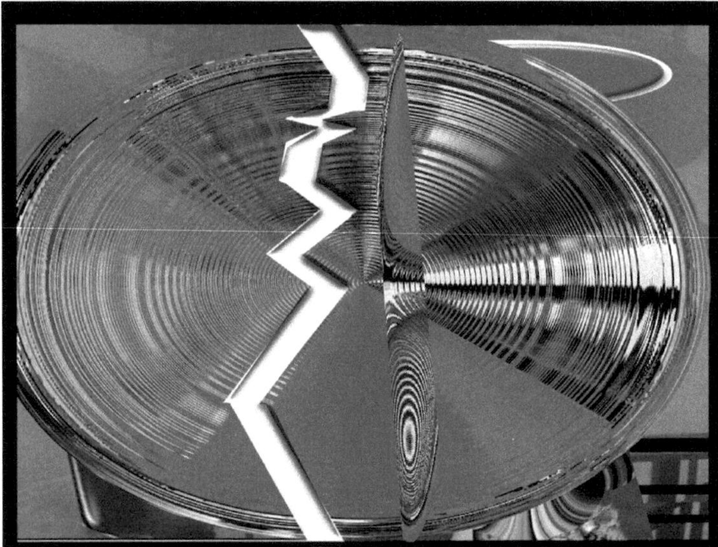

Überzeugungen spalten vehement die Gesellschaft. Überzeugungen entstehen aus Not, Armut, Mangel, Ohnmacht, Perspektivlosigkeit und Übermacht.

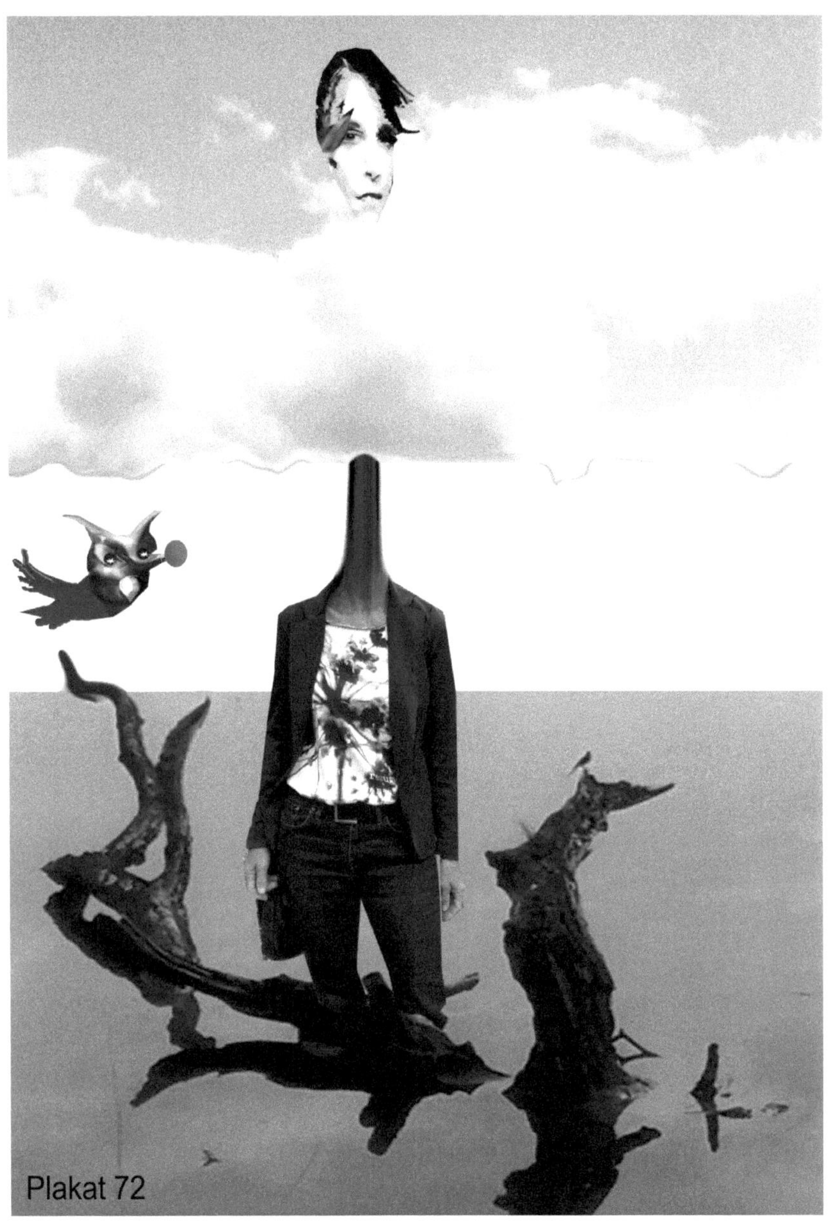

Plakat 72

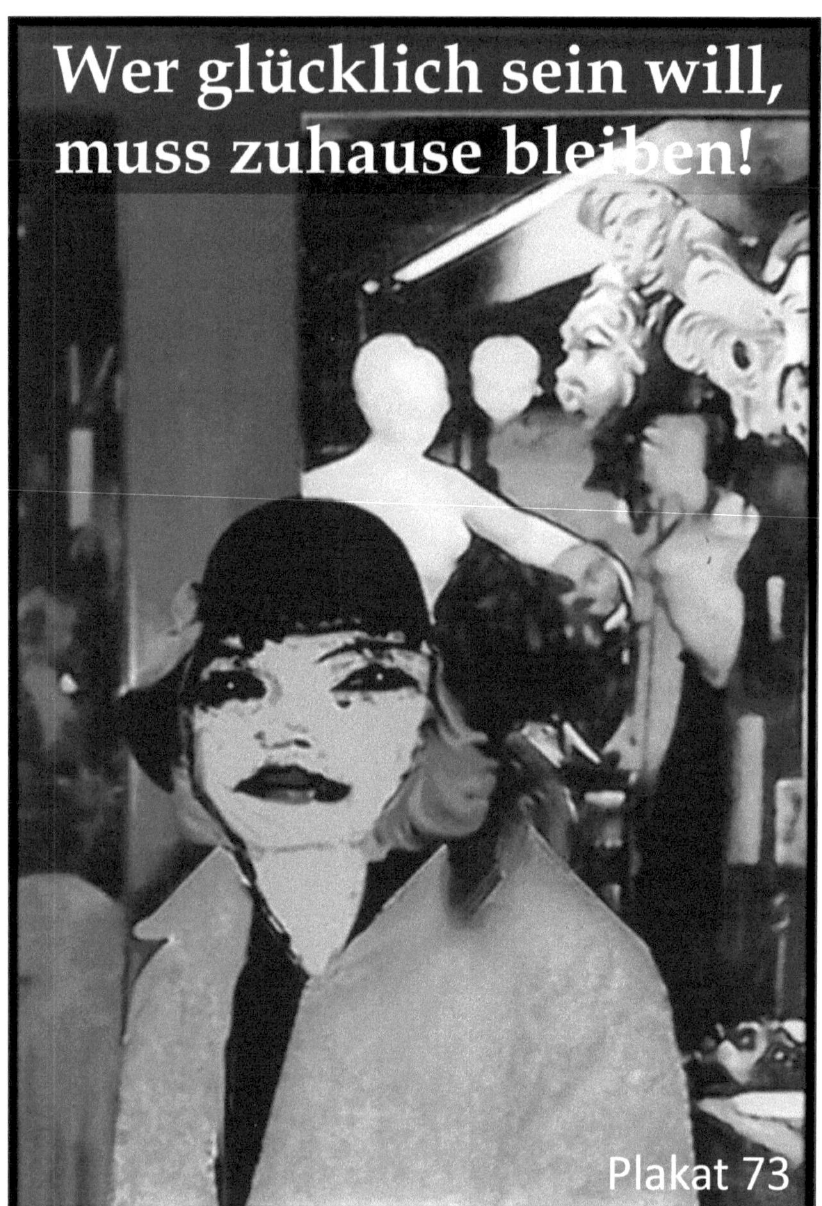

Wer glücklich sein will,
muss zuhause bleiben!
Plakat 73

Ist "Zeitgemäß sein", wenn ich mir eine Feder in den Hintern stecke, um dazu zu gehören?

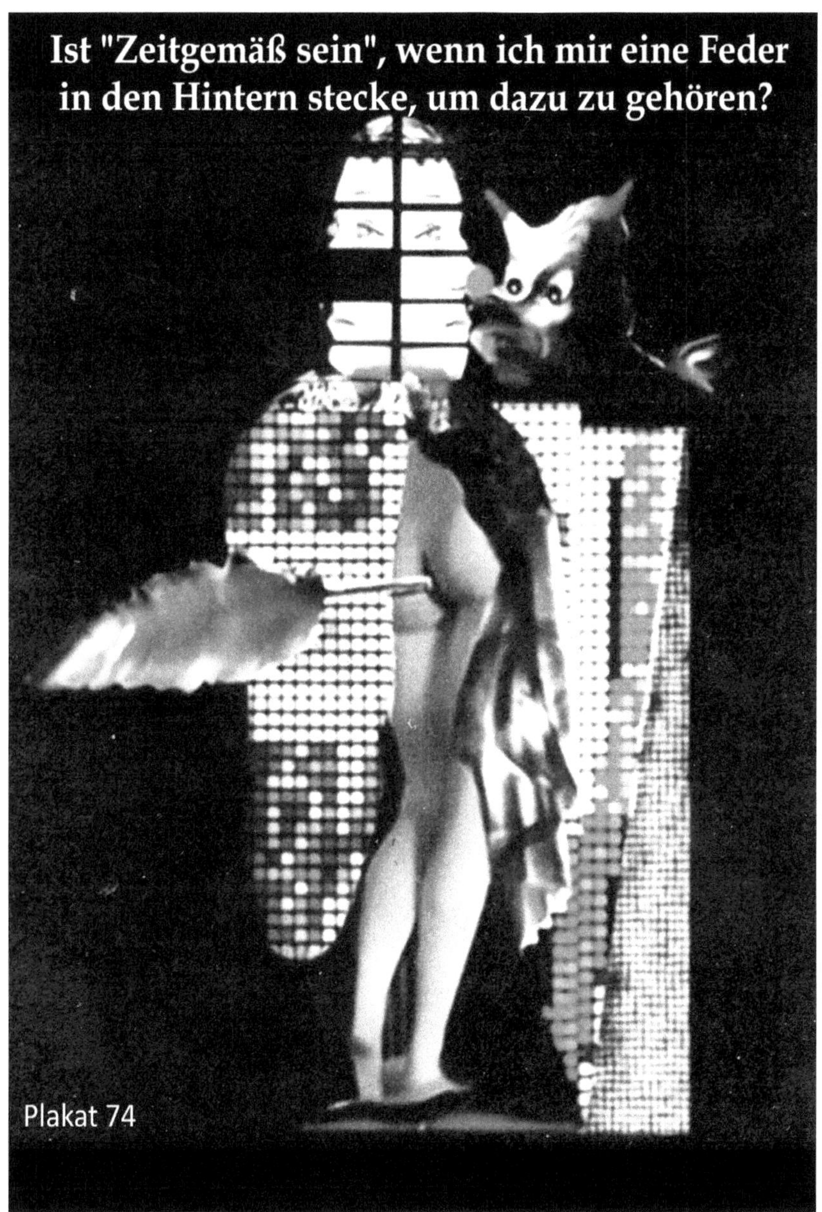

Plakat 74

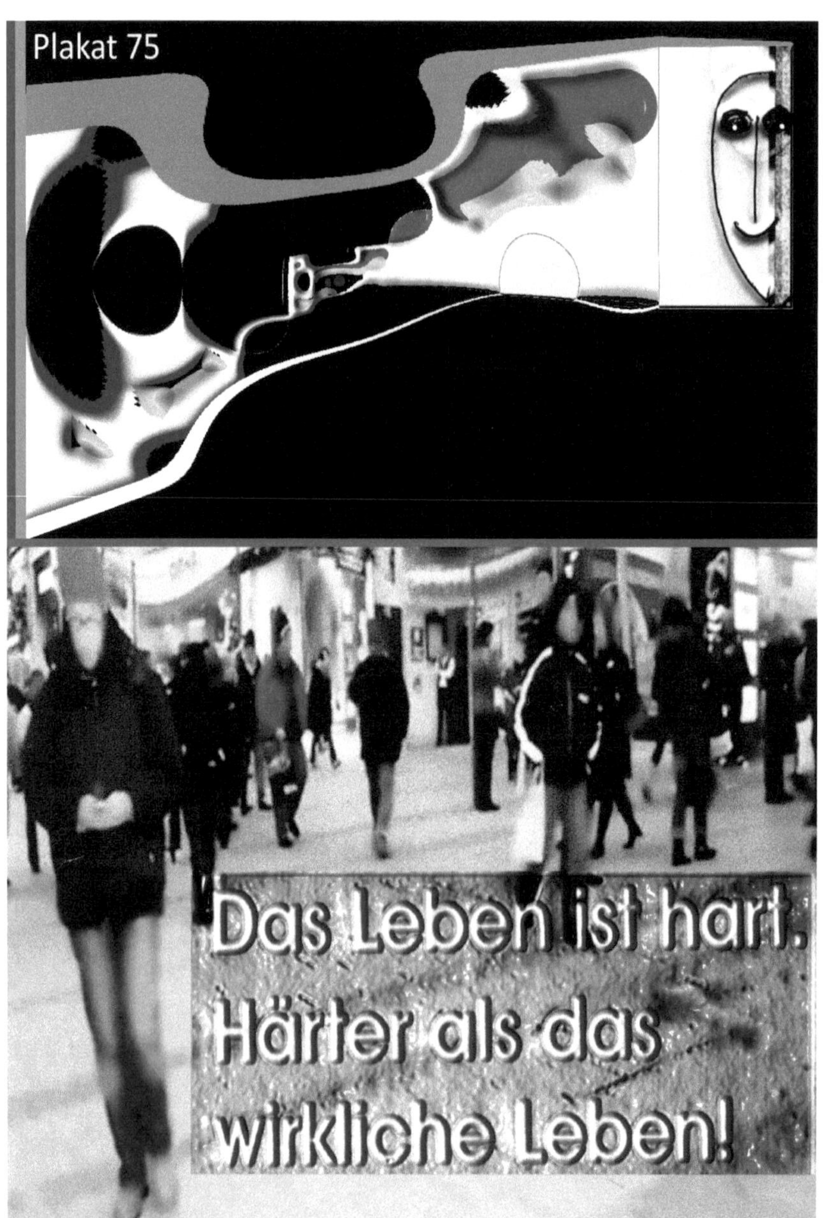
Plakat 75
Das Leben ist hart.
Härter als das
wirkliche Leben!

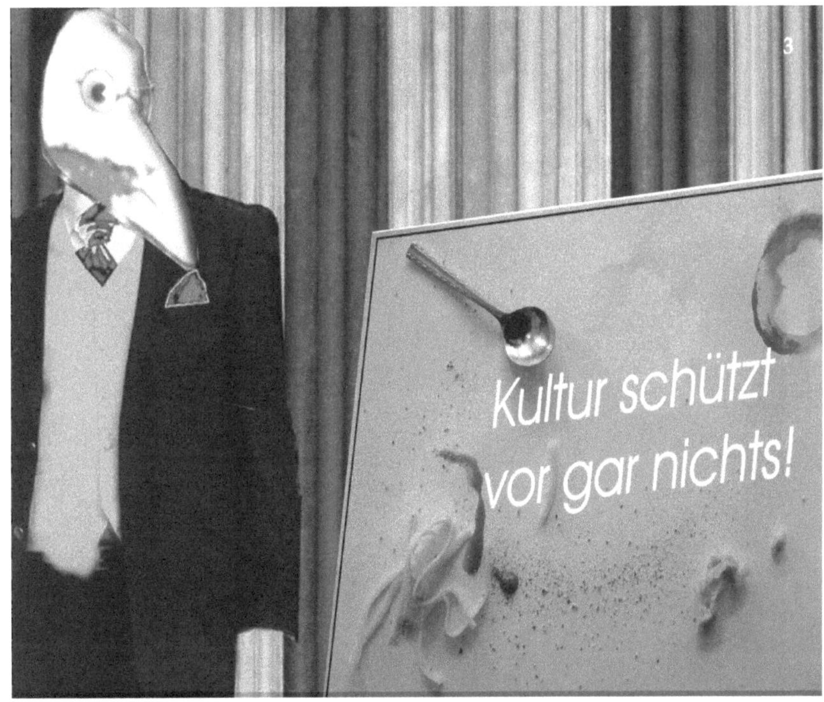

Kultur schützt
vor gar nichts!
Plakat 76

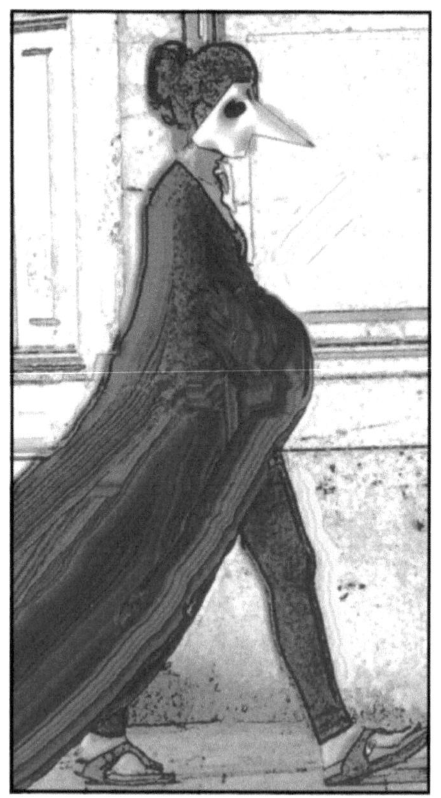

Wohin willst DU?

Plakat 77

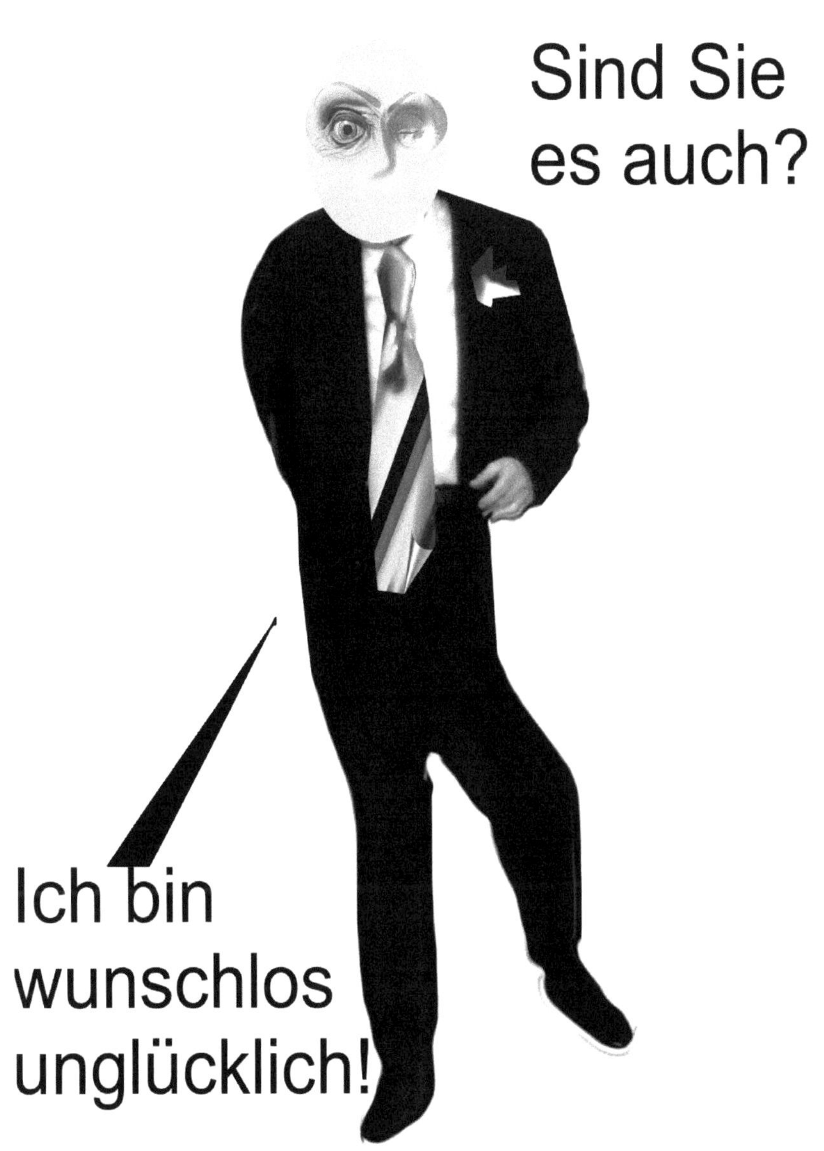

Plakat 78

Masken? Masken sind dazu da, Menschen zu verstecken. Maskenträger schlüpfen prosaisch in die Rolle eines anderen, um den sozialen und materiellen Unterschied zwischen Menschen zu vertuschen oder aufzuheben.

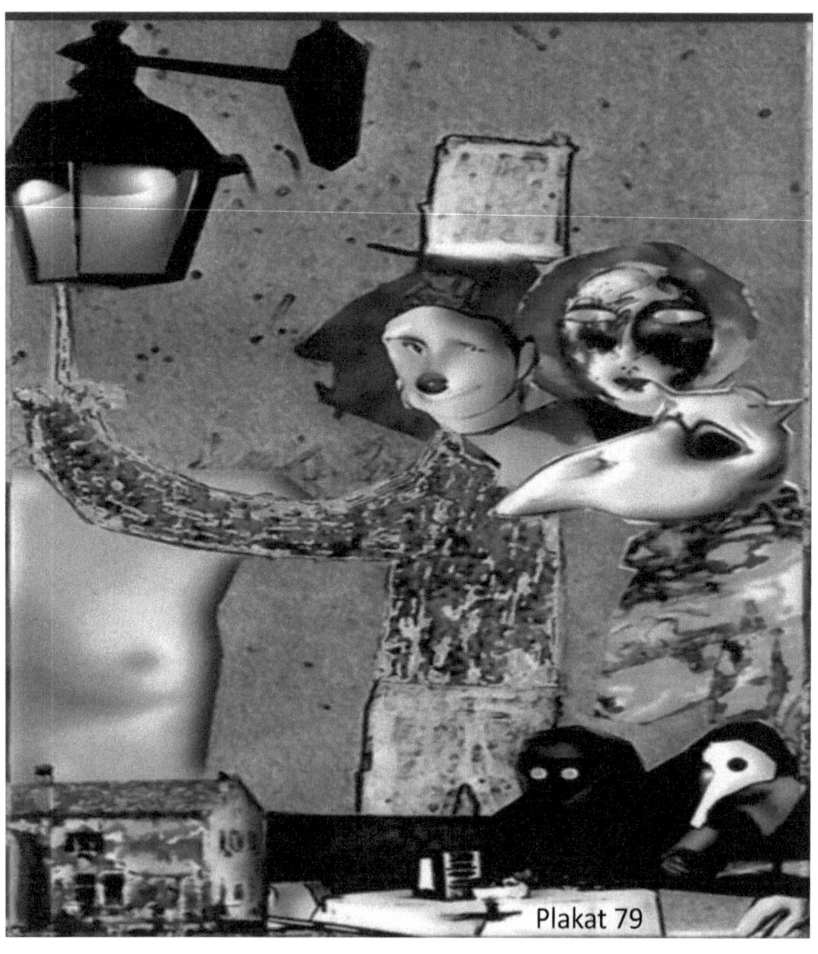

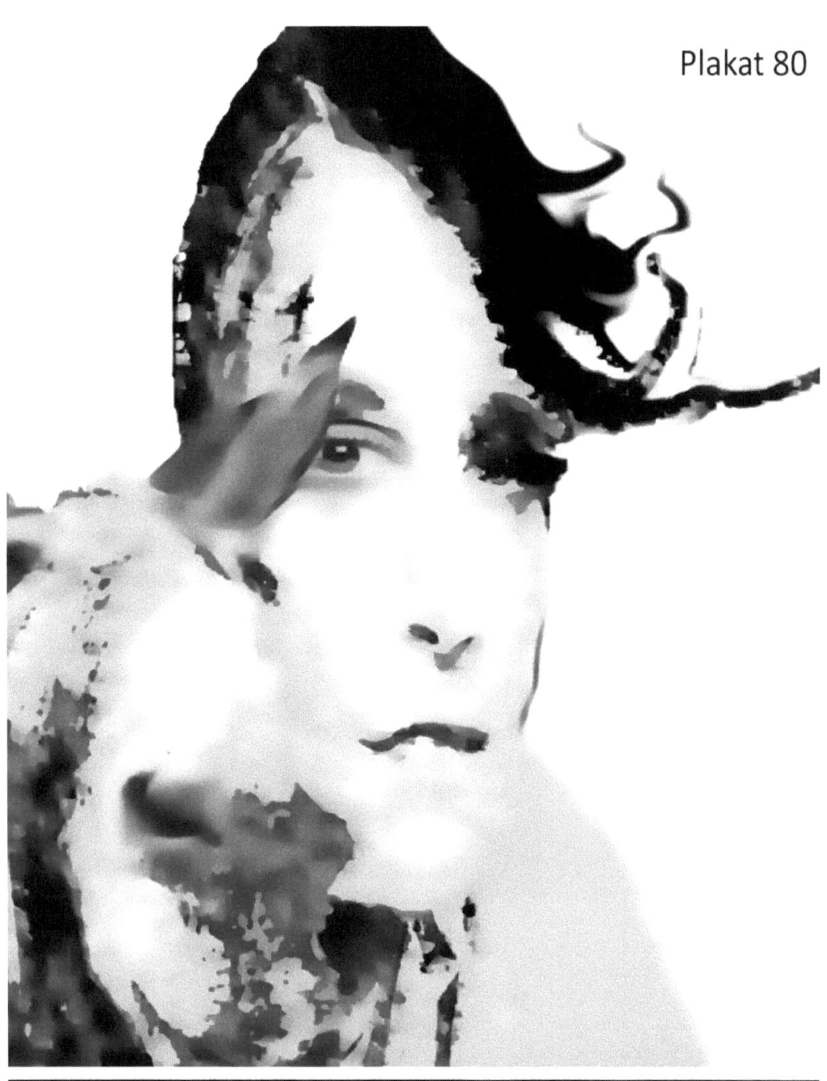
Man lebt in Beziehung und
das ist schlimm genug ...

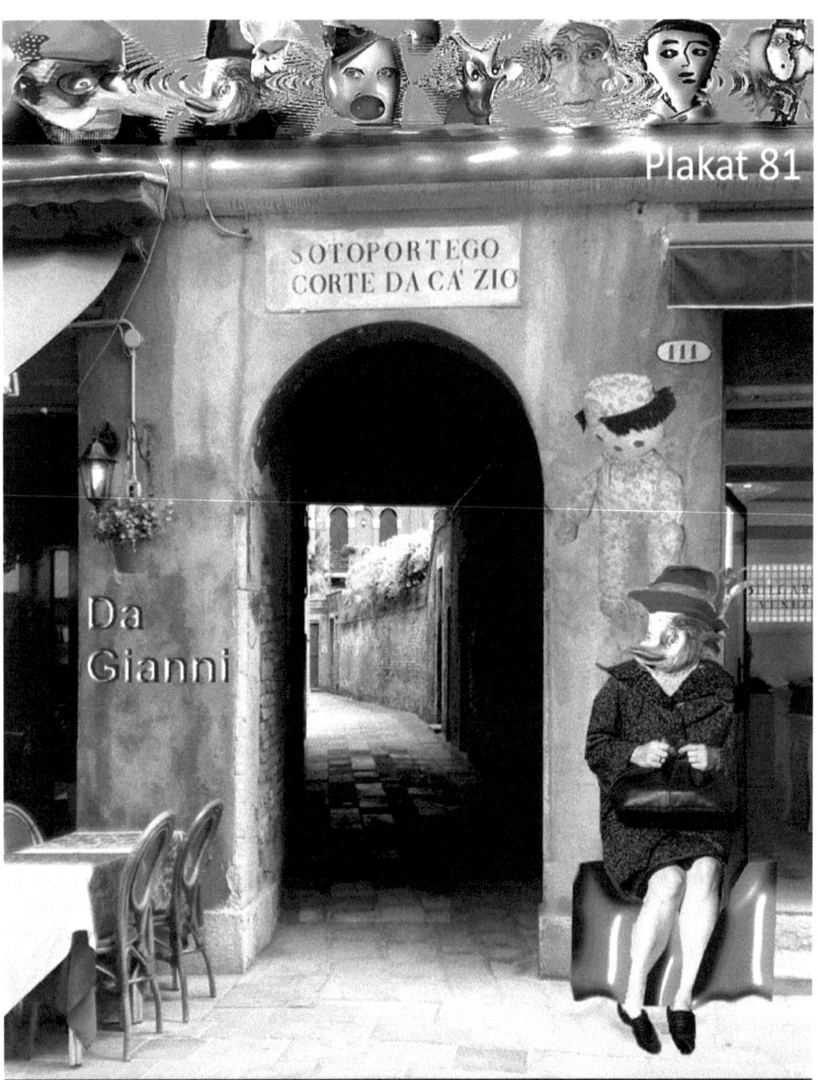
Plakat 81
SOTOPORTEGO
CORTE DA CA' ZIO
Da
Gianni
"Was ich nicht weiß, das gibt es nicht"
- ist die höchste Stufe der Dummheit.
Gianni, Venedig

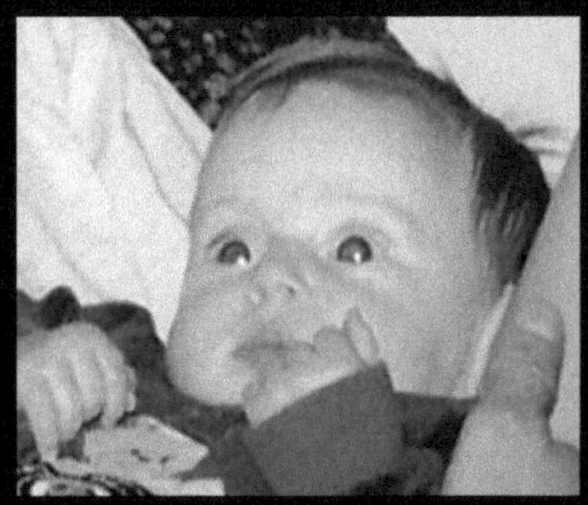

Paolo, sag´ du dazu mal etwas.
Wie siehst du das?

Jetzt ist immer der richtige Augenblick!

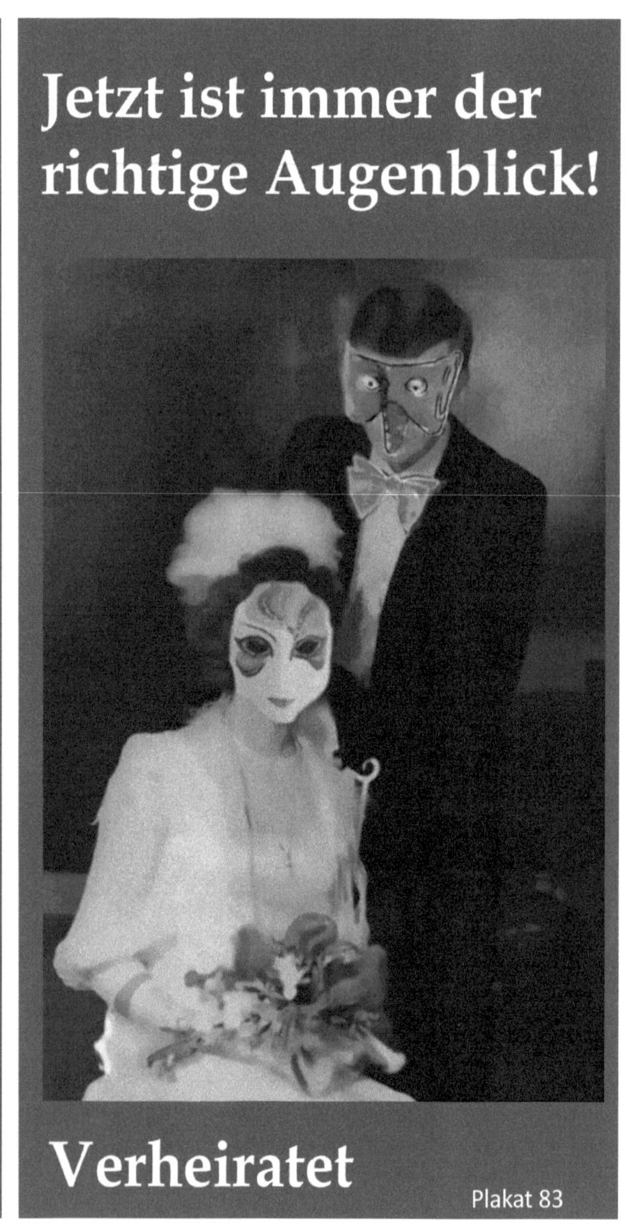

Verheiratet

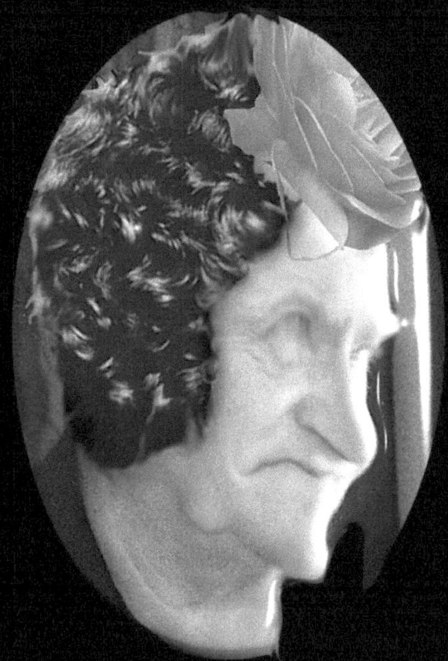

Bóbels Rat: "Verspotte oder necke oder habe jemanden zum Besten oder bekriege jemanden, jedoch nicht einen Liebenden!" Dar la Berta o la burla o la baia o la ciancia (Venezianisches Sprichwort).

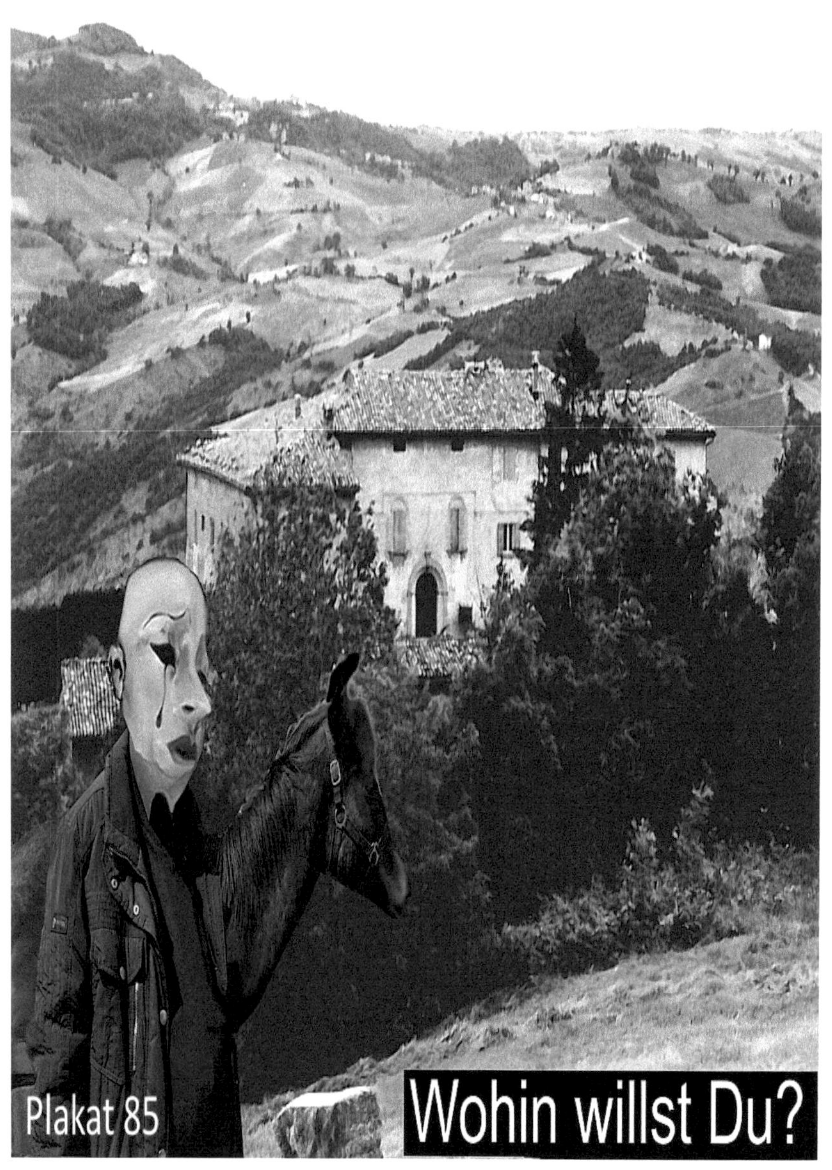
Plakat 85
Wohin willst Du?

Ich hoffe, dir geht es gut

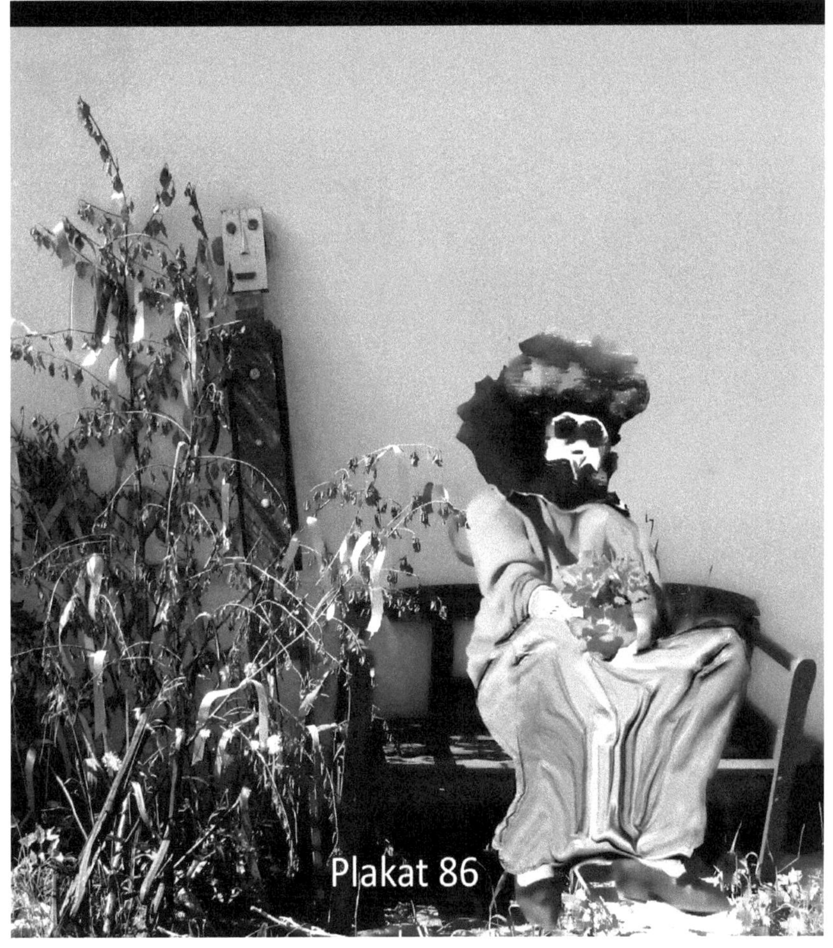

Plakat 86

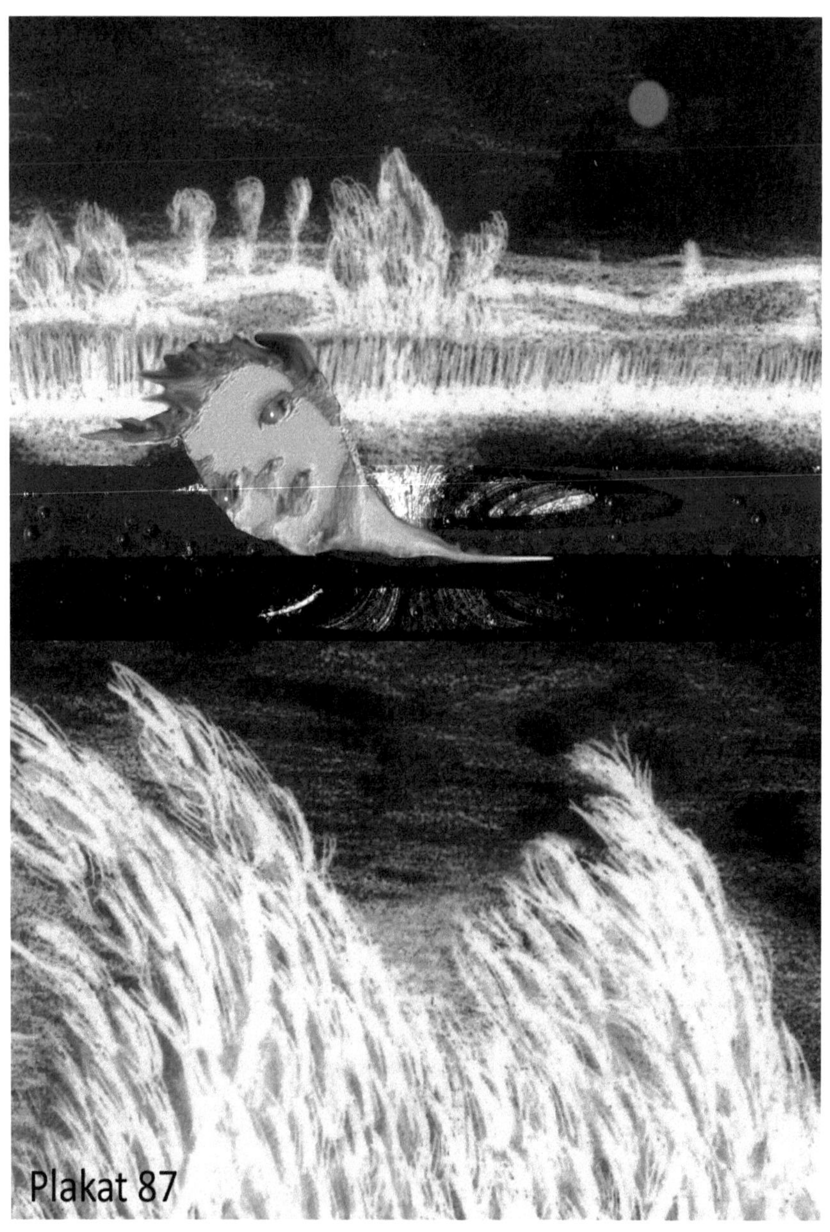

Plakat 87

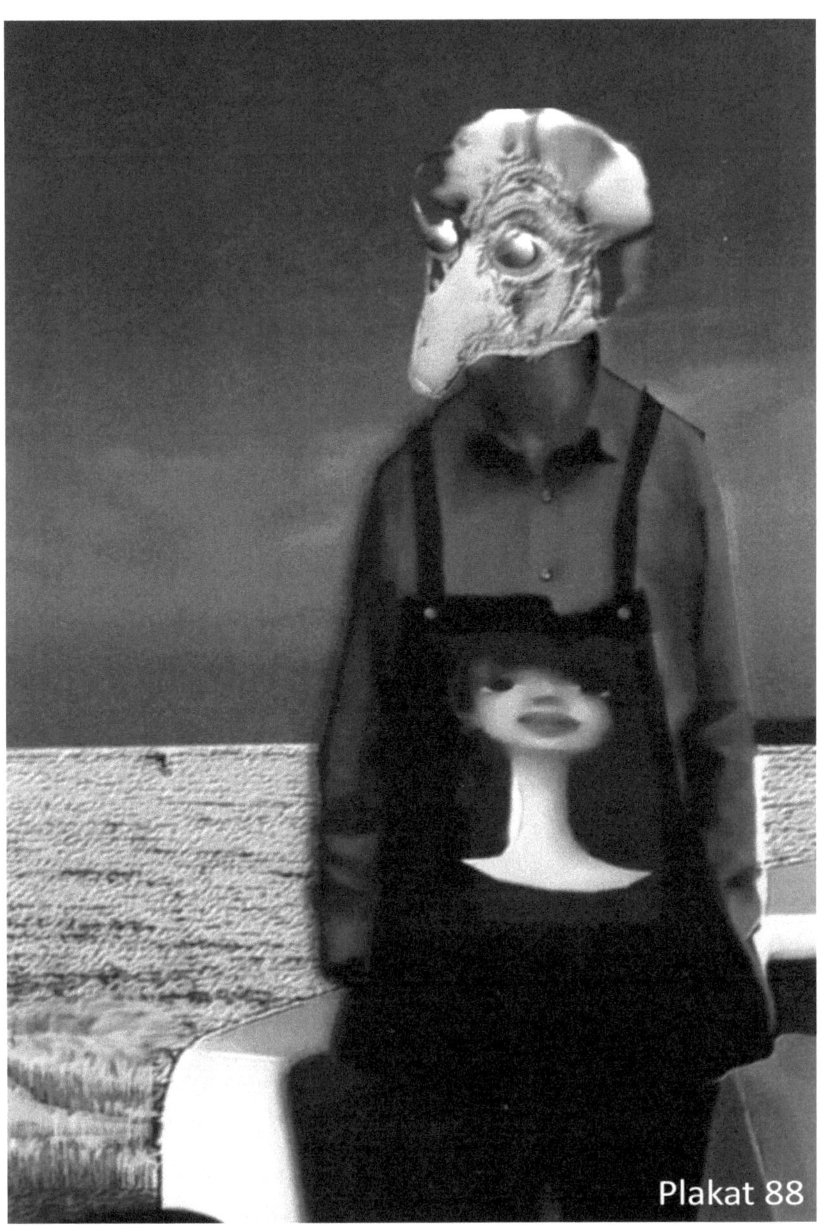
Plakat 88

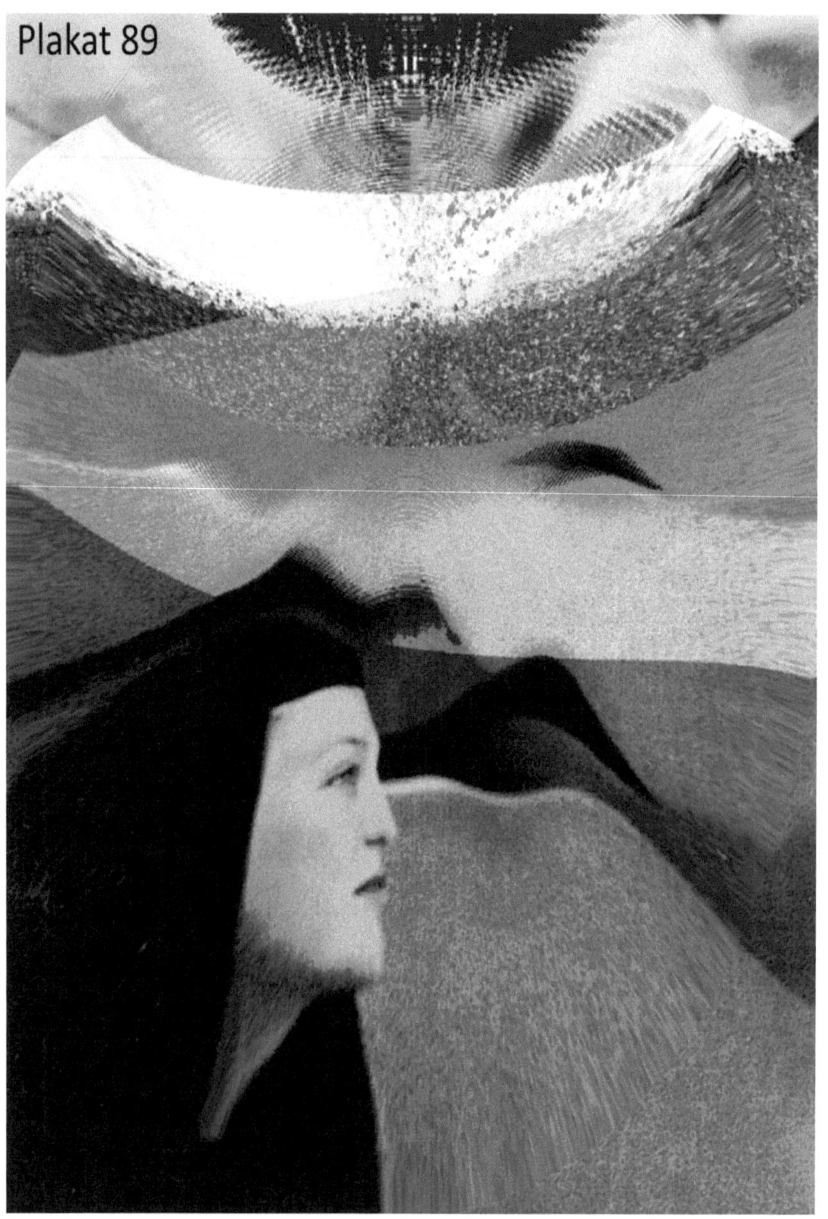

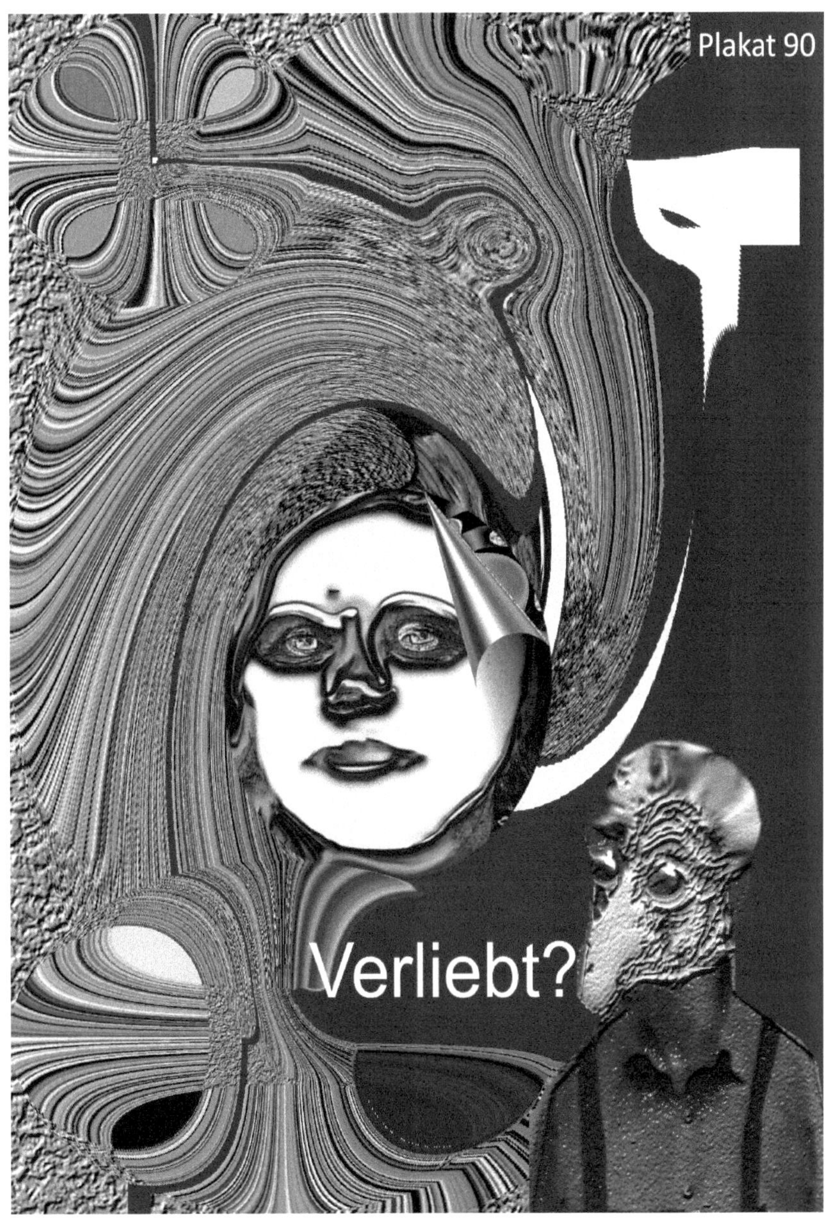

Plakat 90
Verliebt?

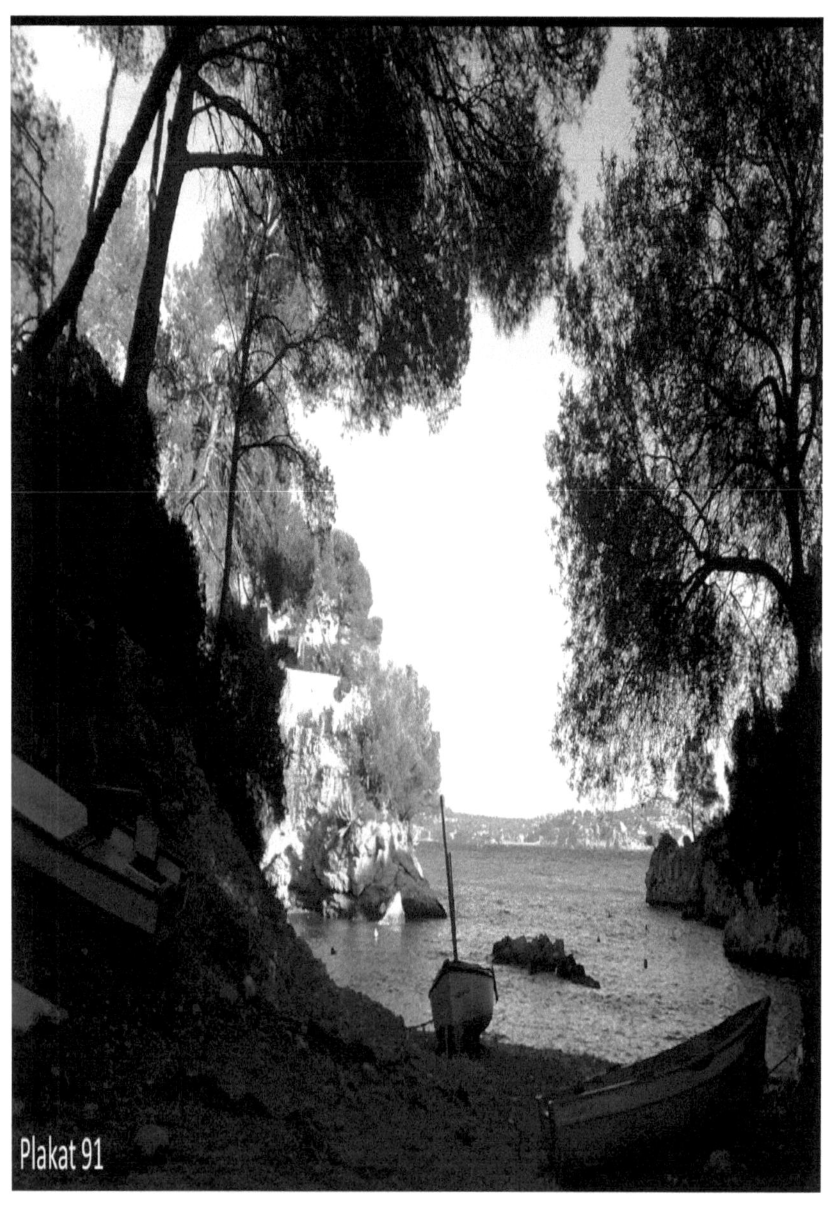

Plakat 91

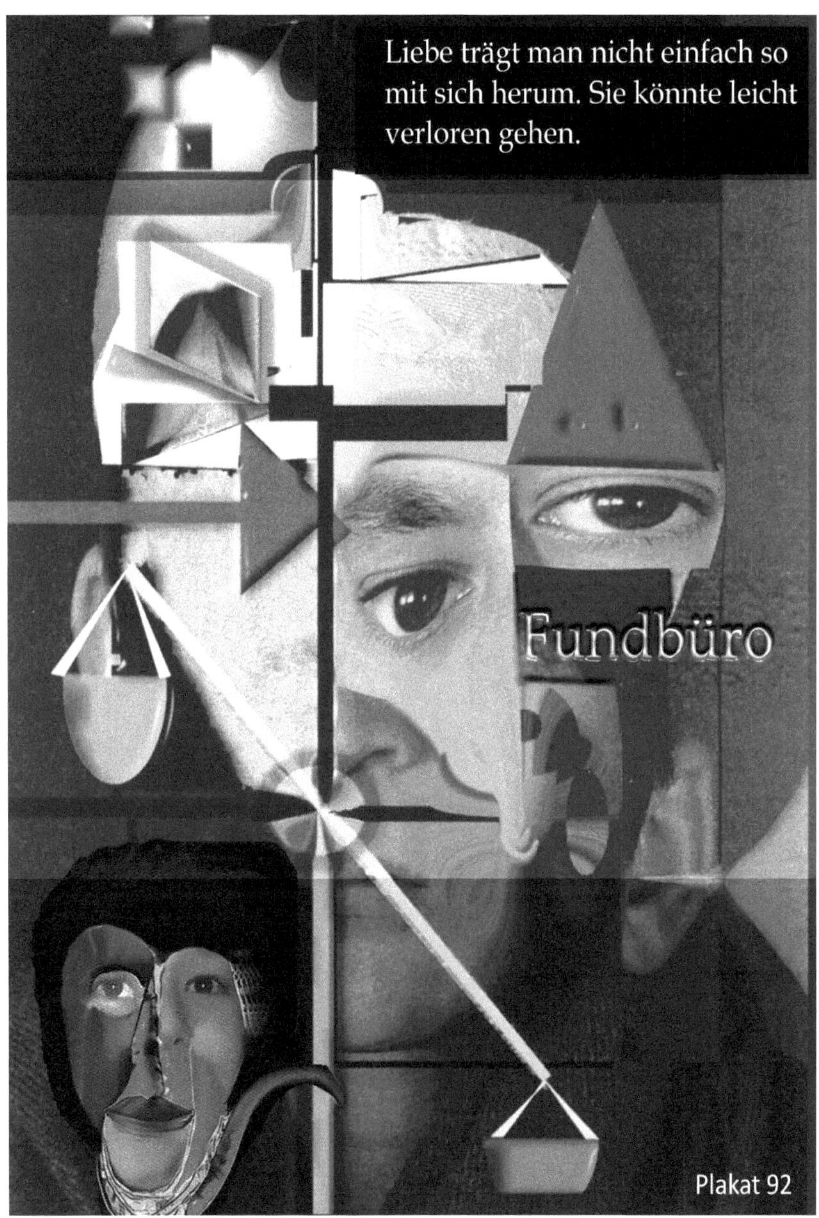

Liebe trägt man nicht einfach so mit sich herum. Sie könnte leicht verloren gehen.
Fundbüro
Plakat 92

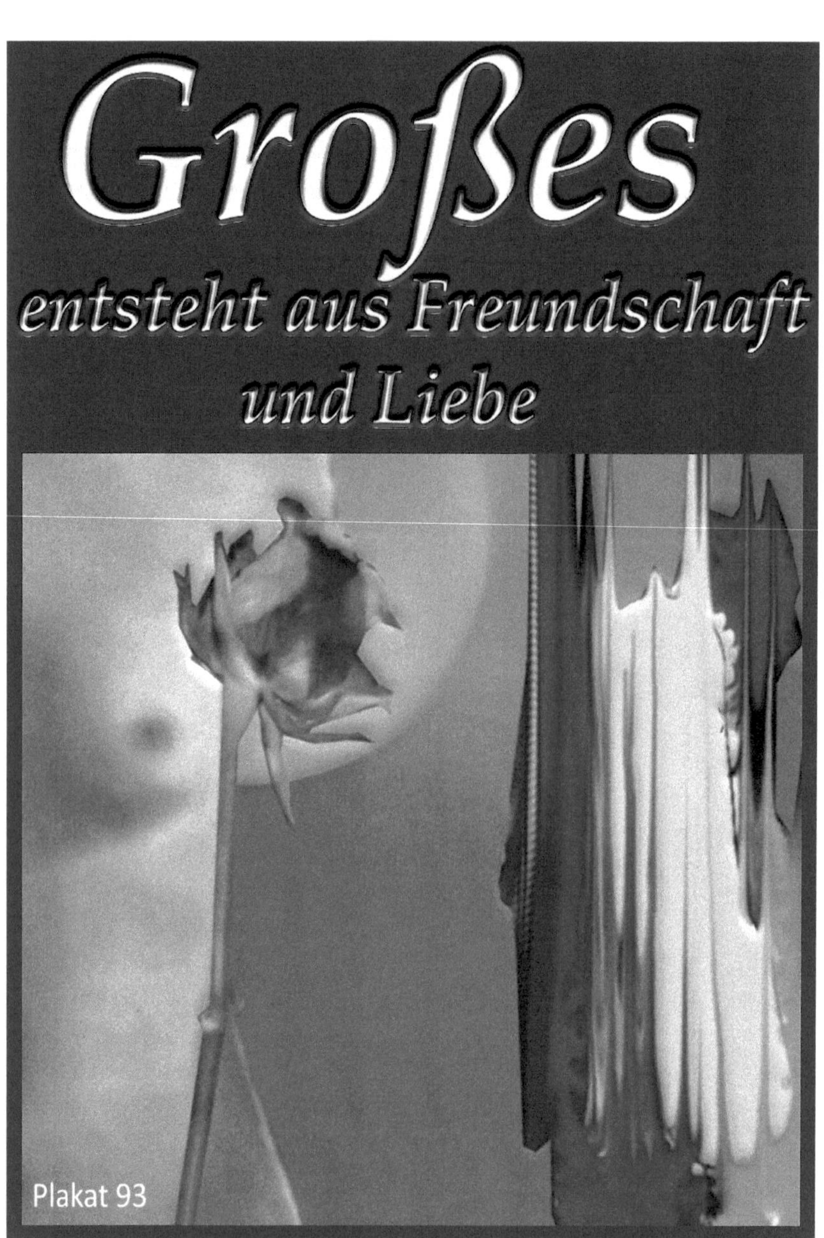

Großes
entsteht aus Freundschaft
und Liebe
Plakat 93

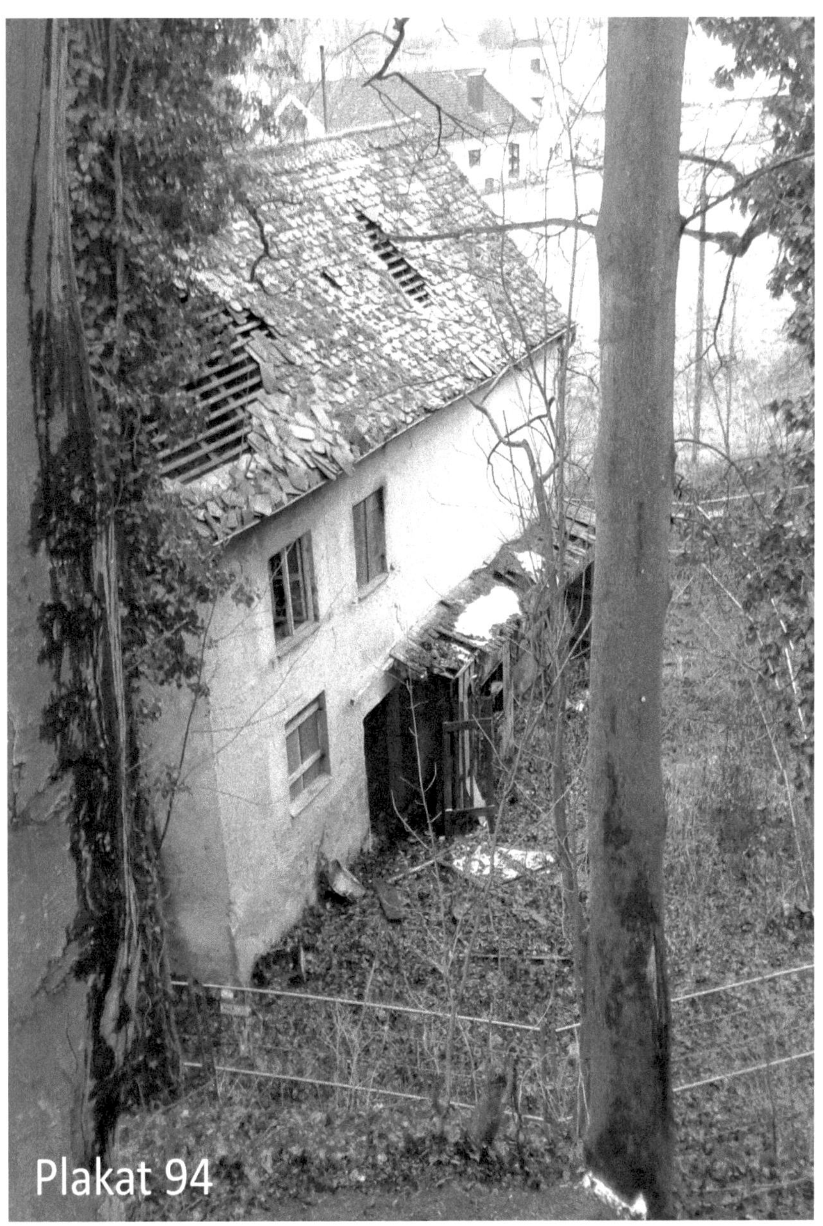

Plakat 94

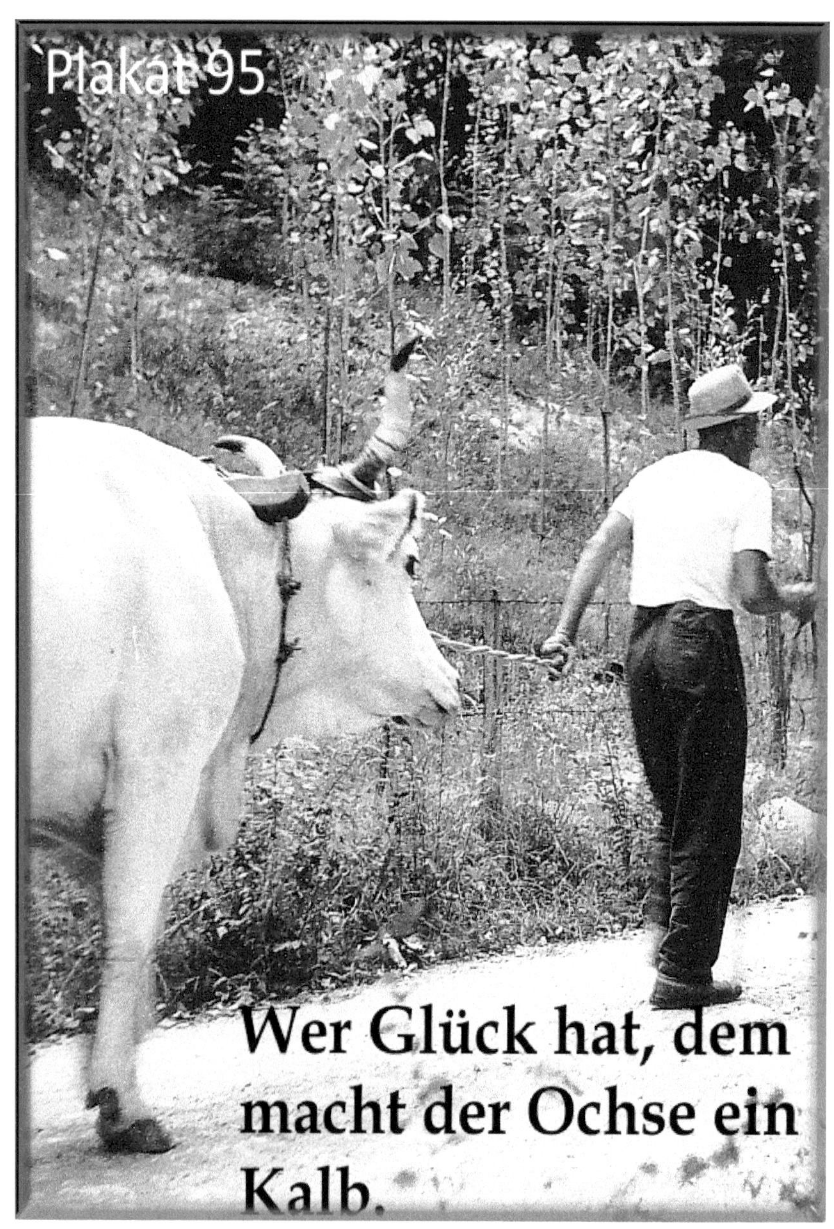

Plakat 95
Wer Glück hat, dem
macht der Ochse ein
Kalb.

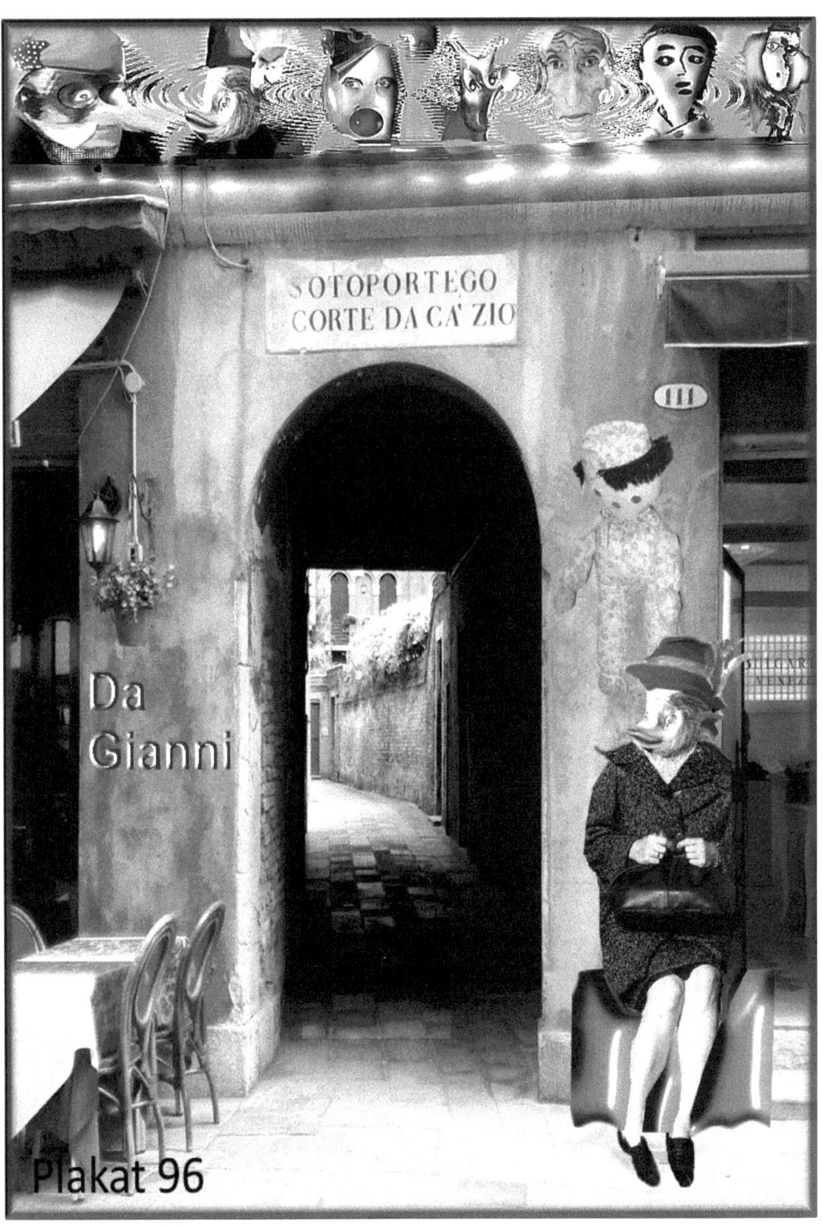

SOTOPORTEGO
CORTE DA CA' ZIO
Da
Gianni
Plakat 96

Ich hätte gerne mehr wissen wollen, wenn man mich gelassen hätte

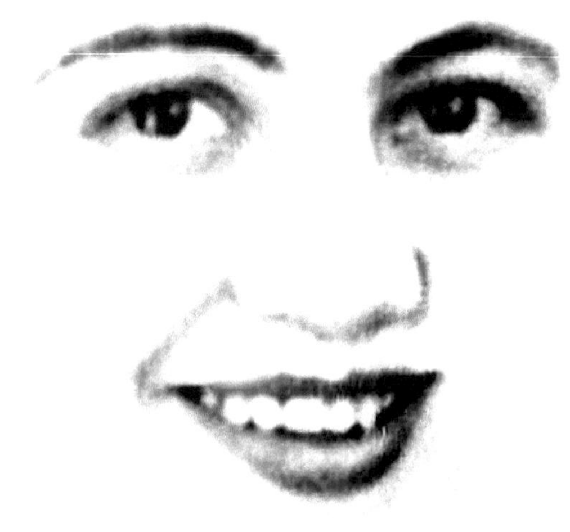

Klara

Plakat 97

Haben **Sie** sich auch ein Leben
andrehen lassen, das **Sie** so gar
nicht haben wollten?

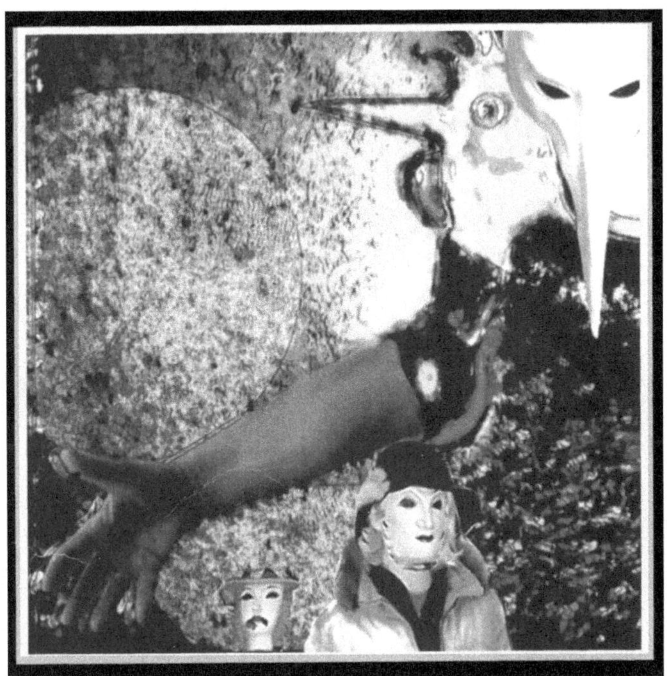

Plakat 98

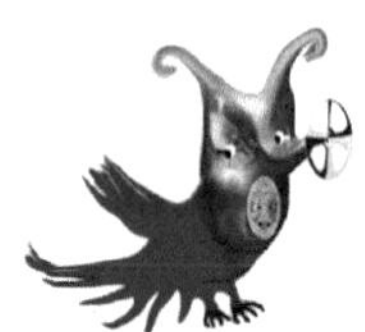

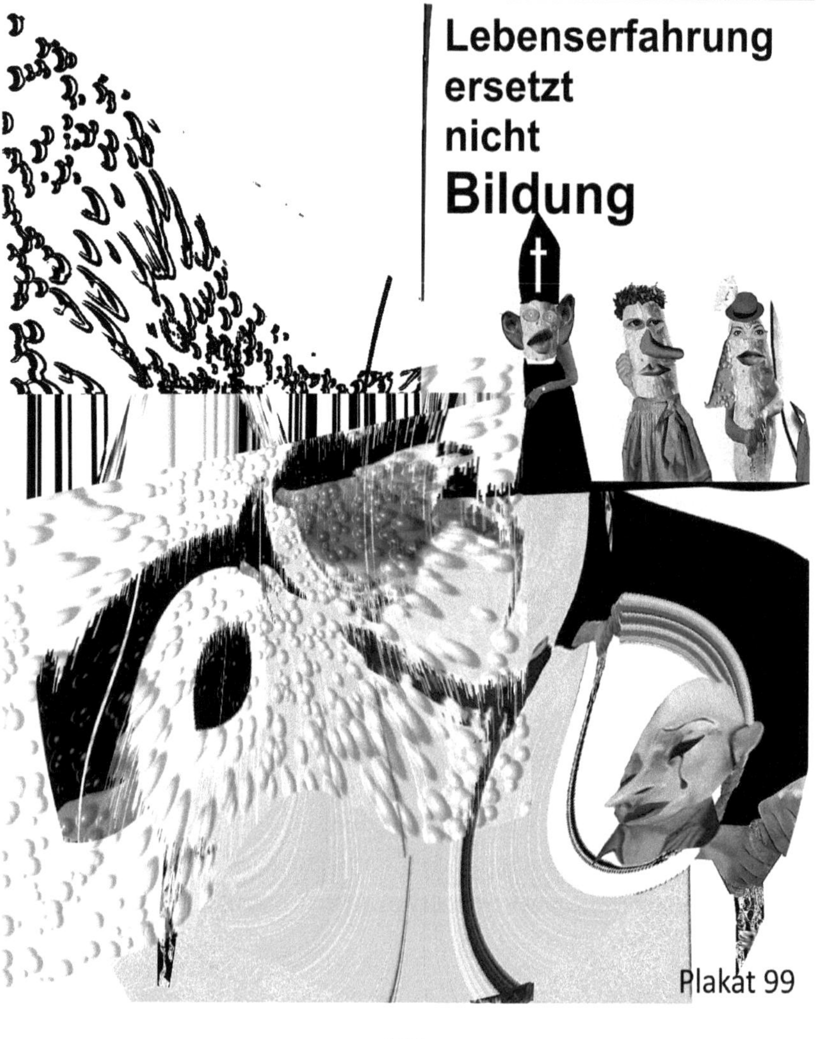

Lebenserfahrung ersetzt nicht Bildung

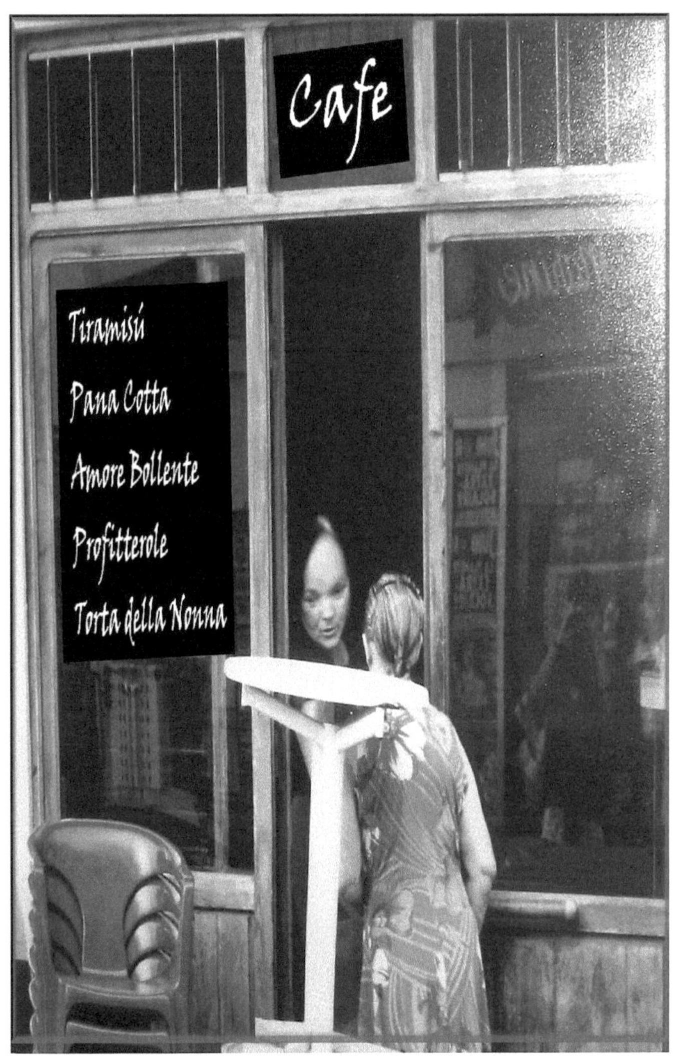

Plakat 100 115

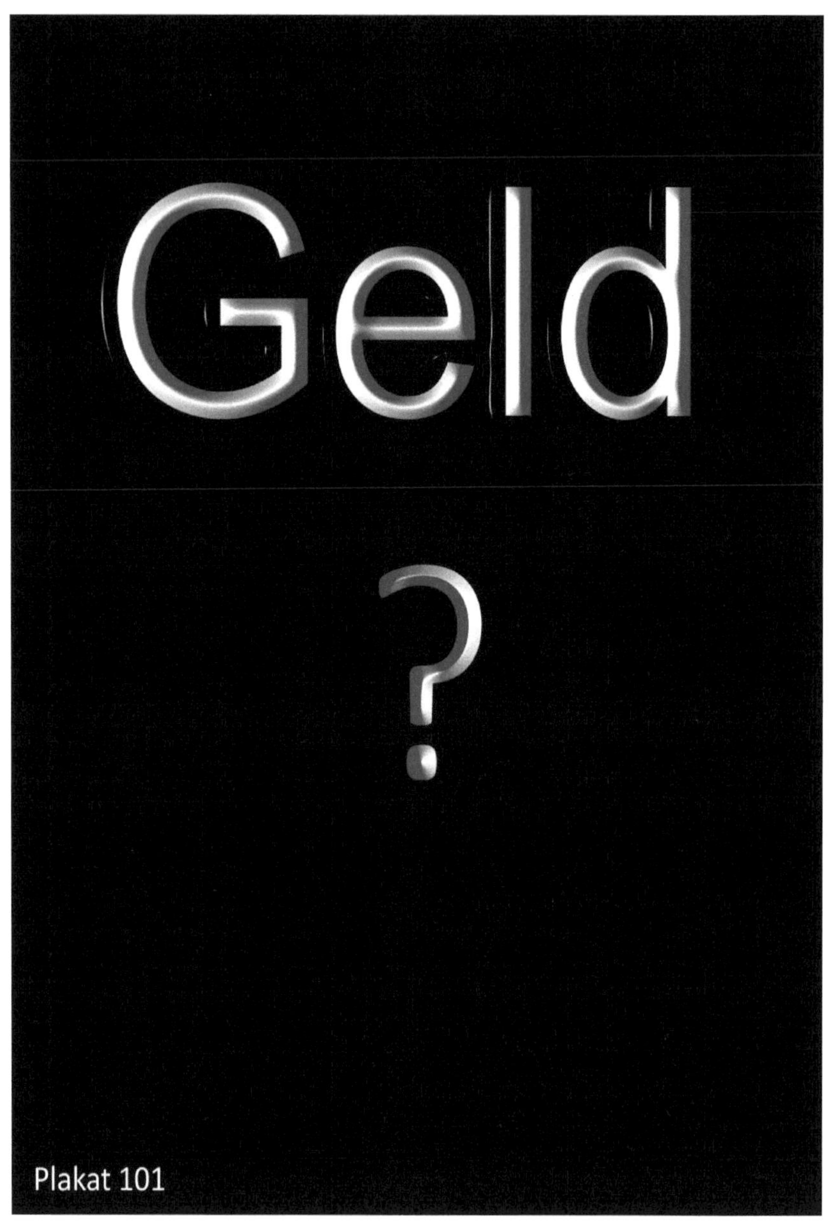
Geld
?
Plakat 101

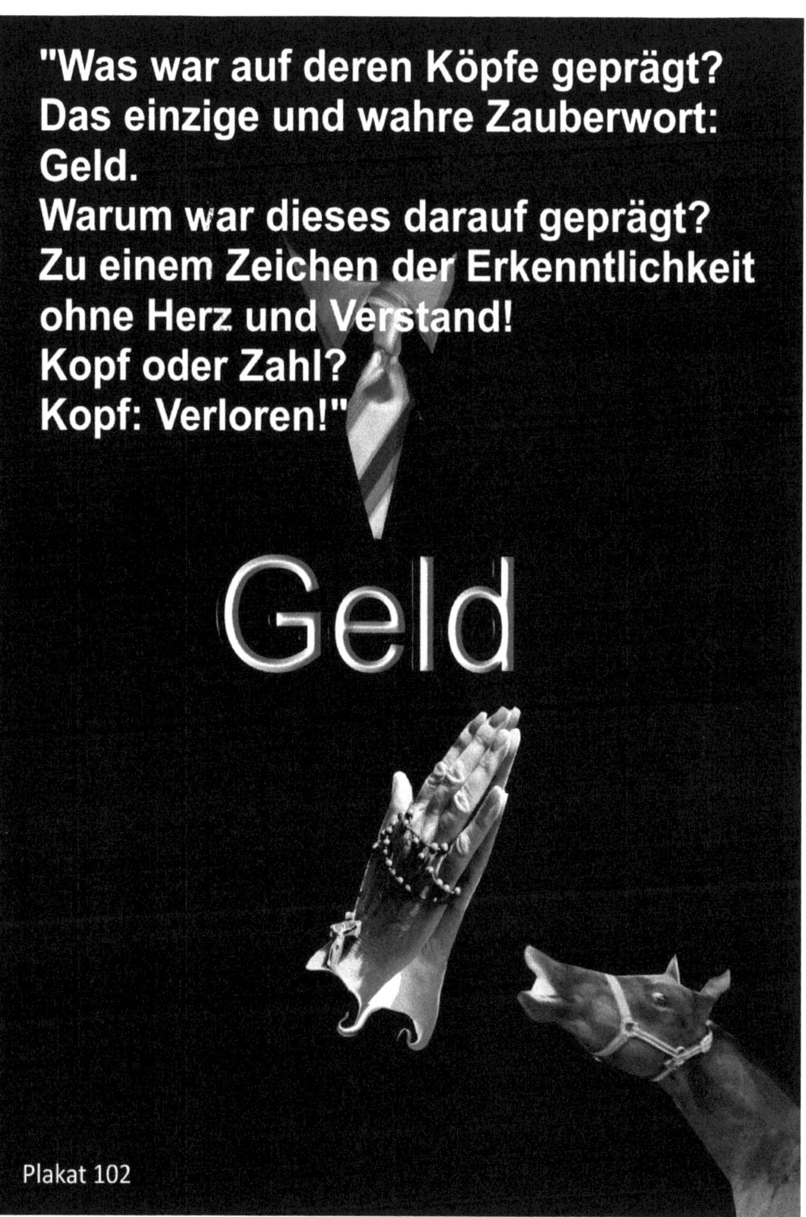

"Was war auf deren Köpfe geprägt?
Das einzige und wahre Zauberwort:
Geld.
Warum war dieses darauf geprägt?
Zu einem Zeichen der Erkenntlichkeit
ohne Herz und Verstand!
Kopf oder Zahl?
Kopf: Verloren!"

Geld

Plakat 102

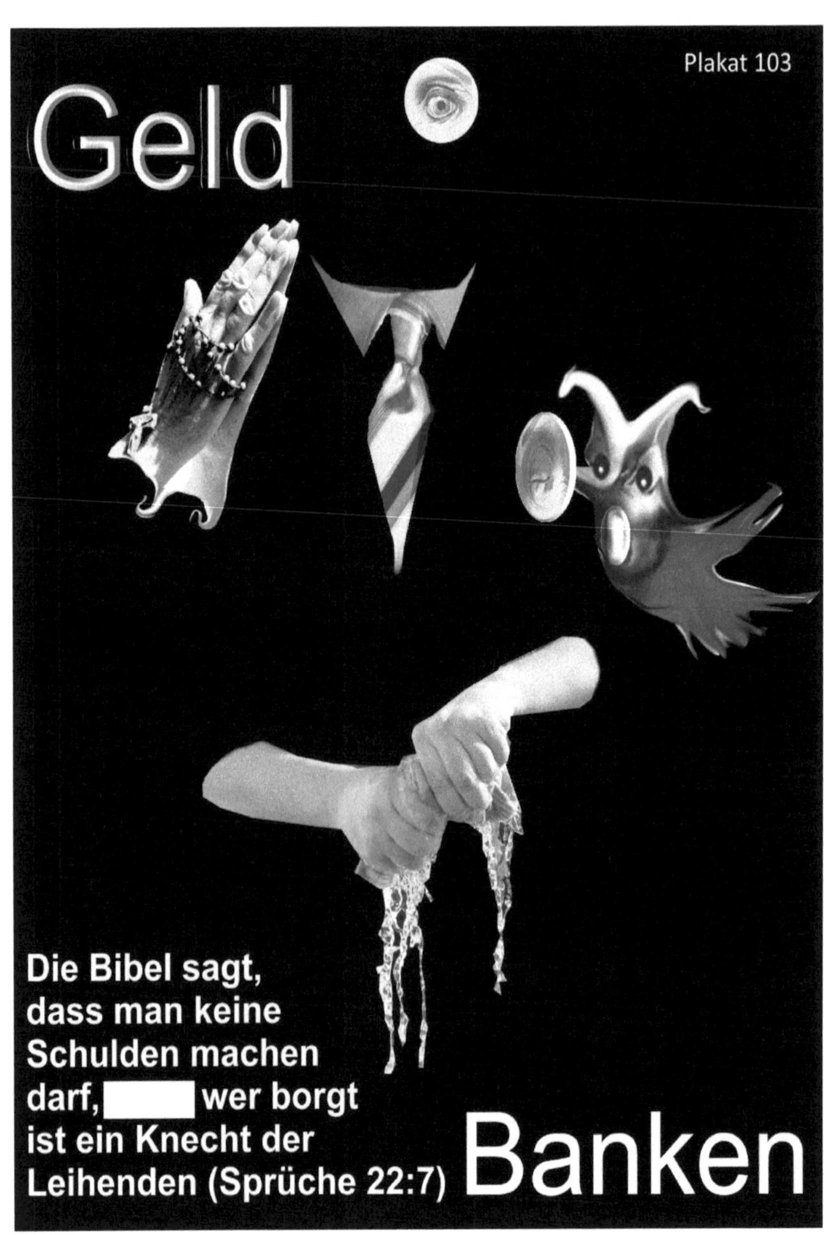

Geld
Die Bibel sagt, dass man keine Schulden machen darf, wer borgt ist ein Knecht der Leihenden (Sprüche 22:7)
Banken

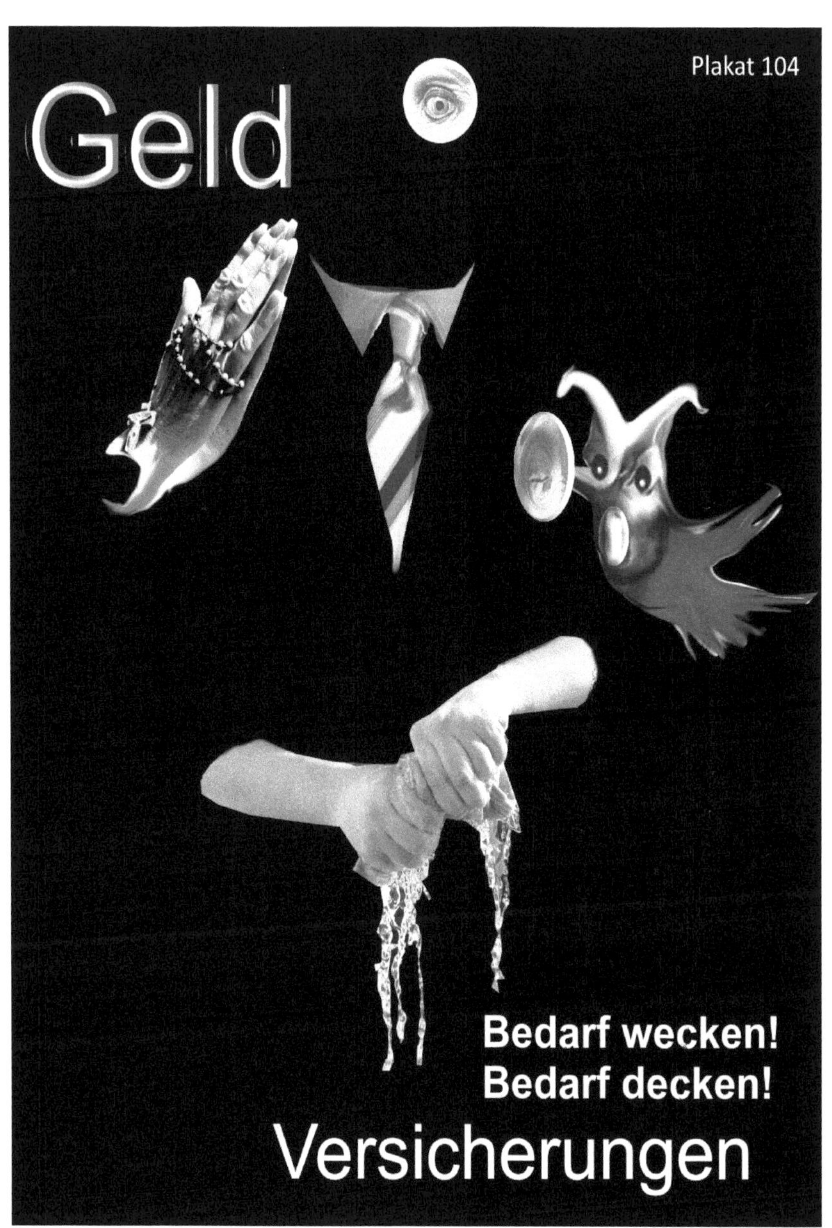
Geld
Bedarf wecken!
Bedarf decken!
Versicherungen

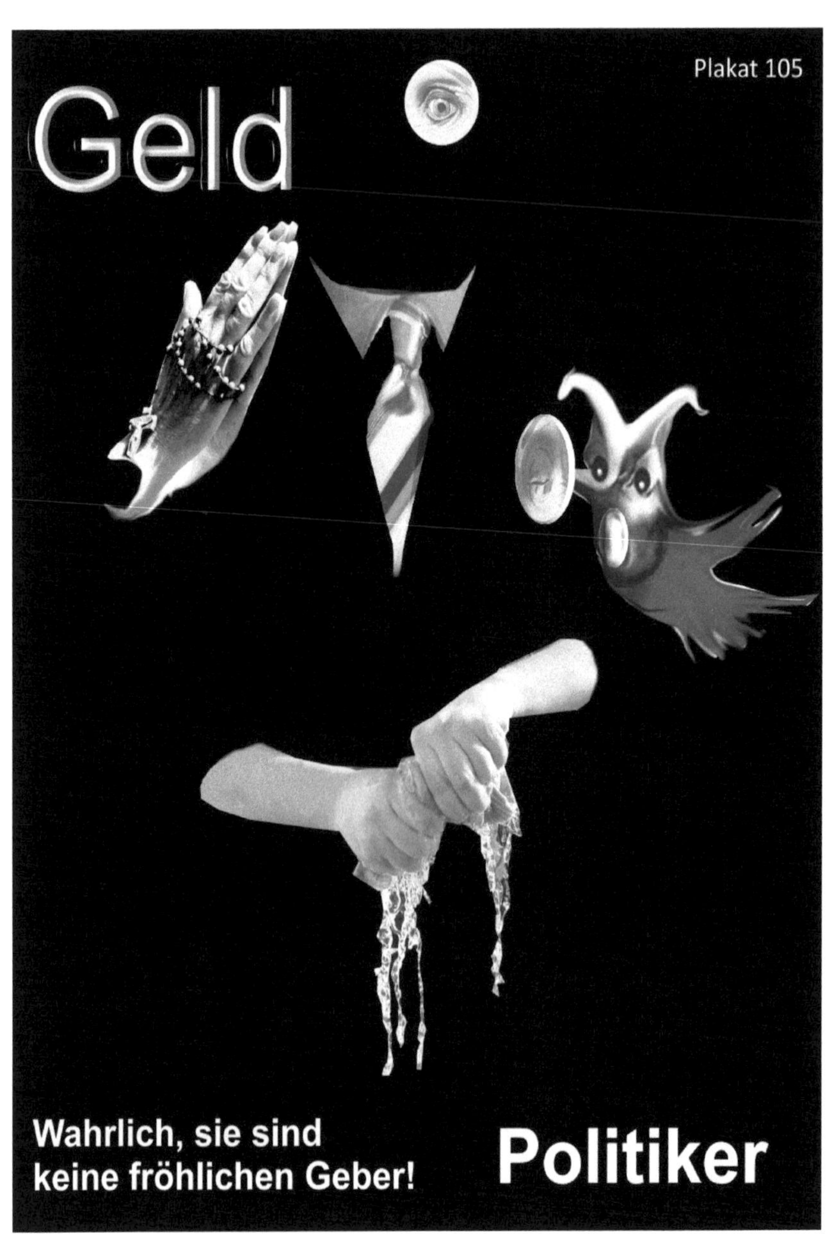

Geld
Wahrlich, sie sind
keine fröhlichen Geber!
Politiker

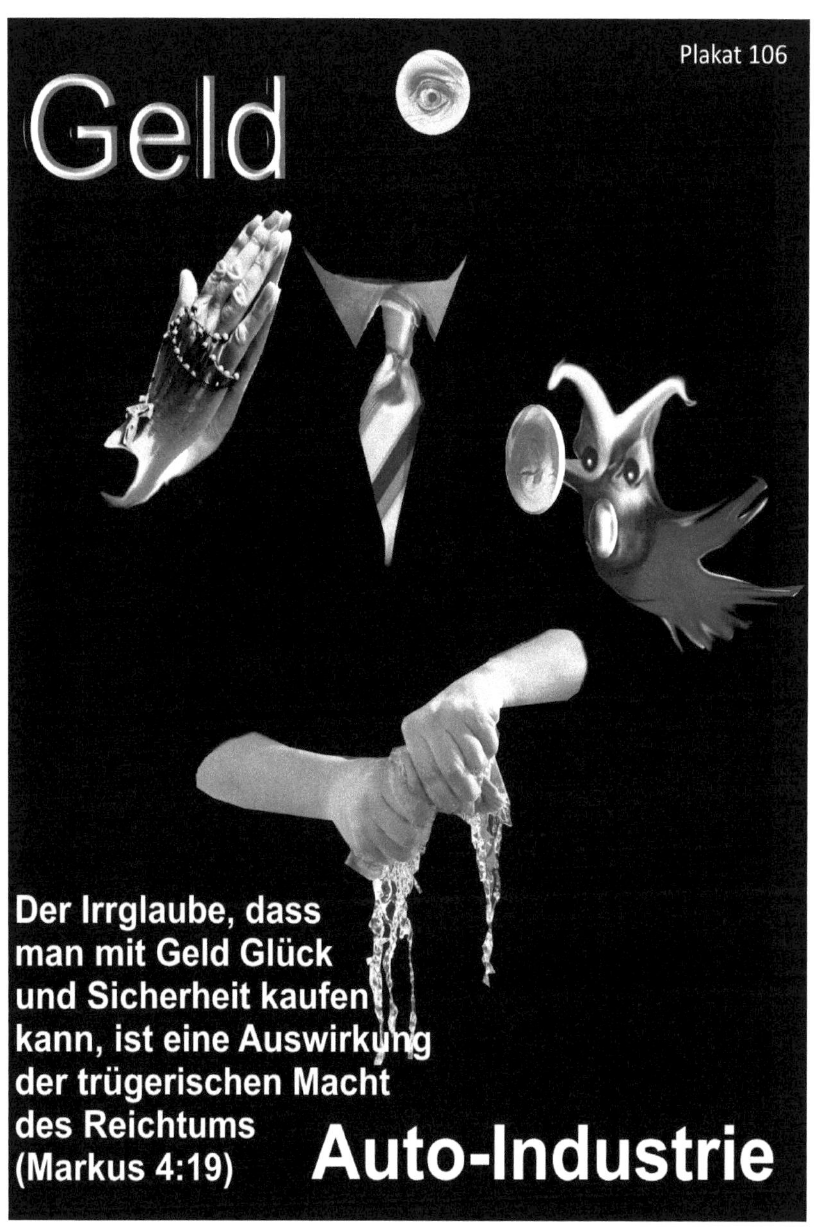

Geld
Plakat 106
Der Irrglaube, dass
man mit Geld Glück
und Sicherheit kaufen
kann, ist eine Auswirkung
der trügerischen Macht
des Reichtums
(Markus 4:19)
Auto-Industrie

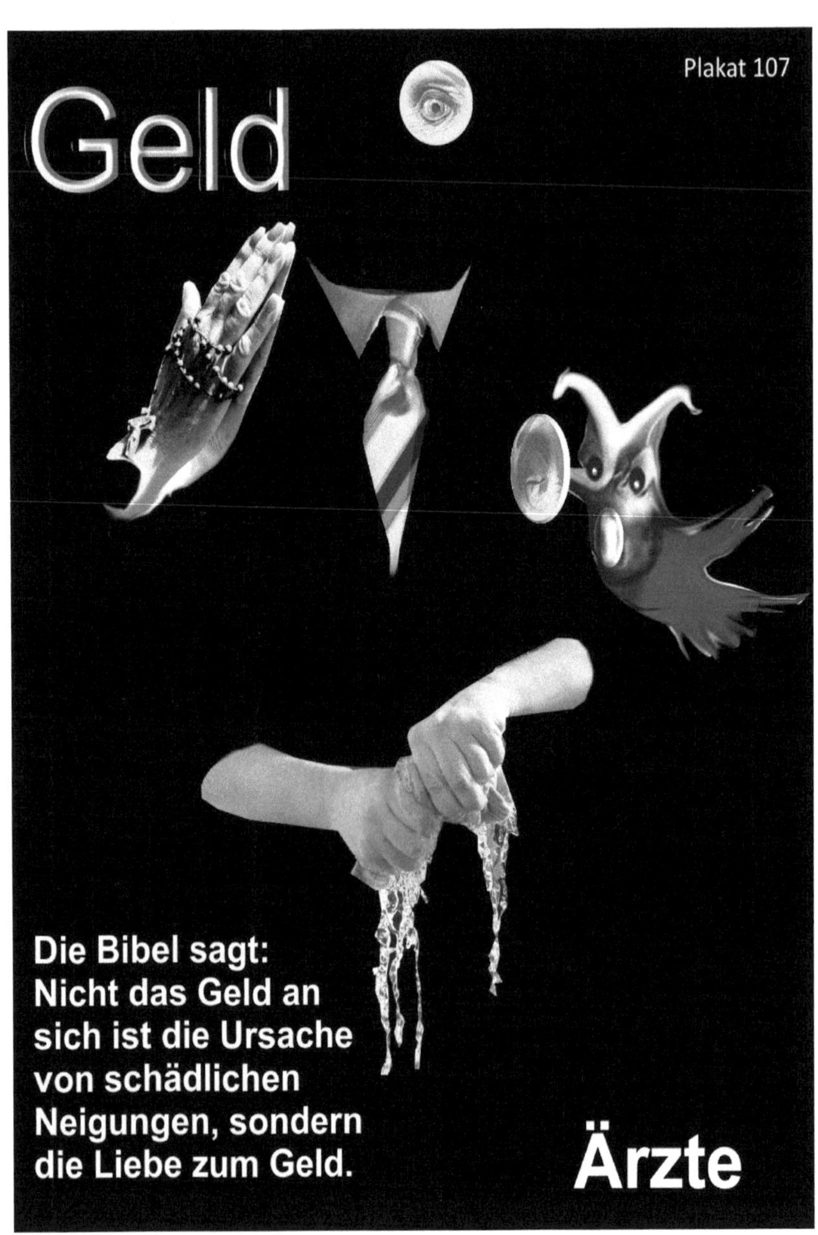

Geld
Plakat 107
Die Bibel sagt:
Nicht das Geld an
sich ist die Ursache
von schädlichen
Neigungen, sondern
die Liebe zum Geld.
Ärzte

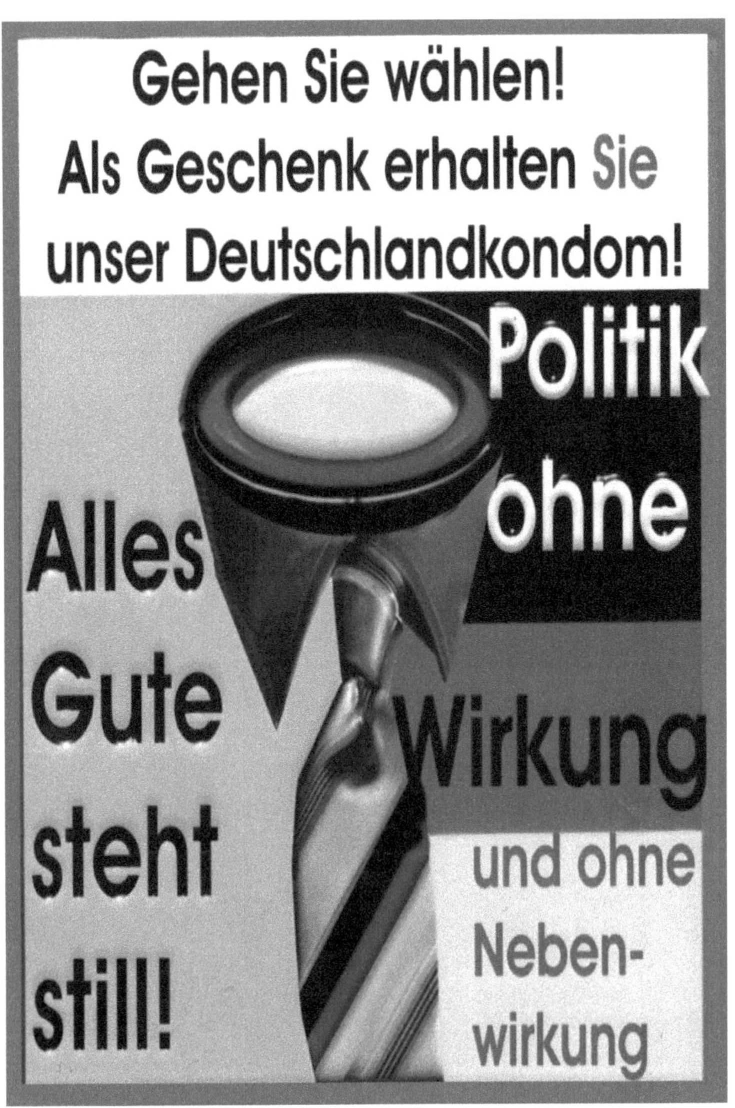

Gehen Sie wählen!
Als Geschenk erhalten Sie
unser Deutschlandkondom!
Politik
ohne
Alles
Gute
steht
still!
Wirkung
und ohne
Neben-
wirkung

Plakat 108

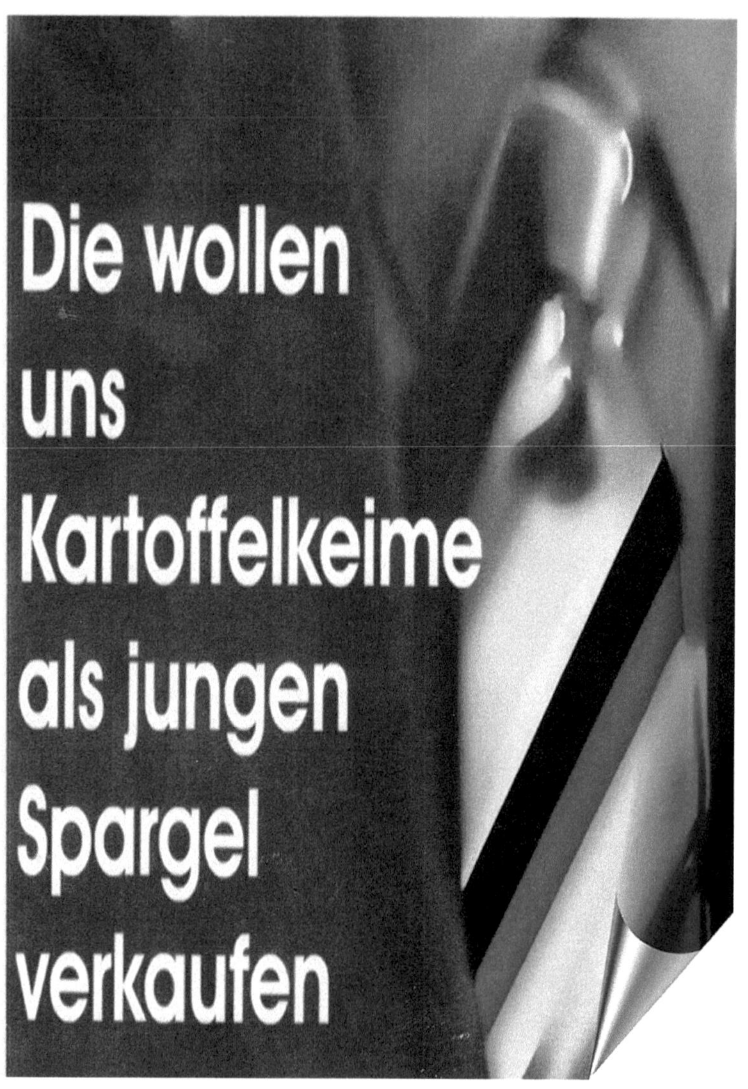

Die wollen
uns
Kartoffelkeime
als jungen
Spargel
verkaufen

Plakat 109

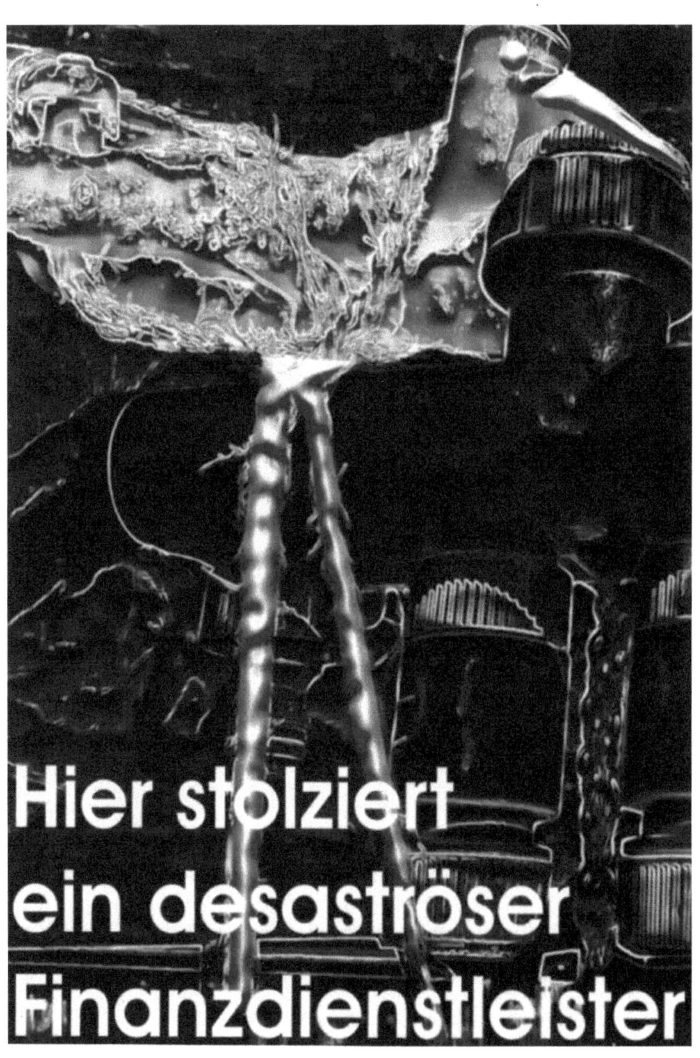

Plakat 110

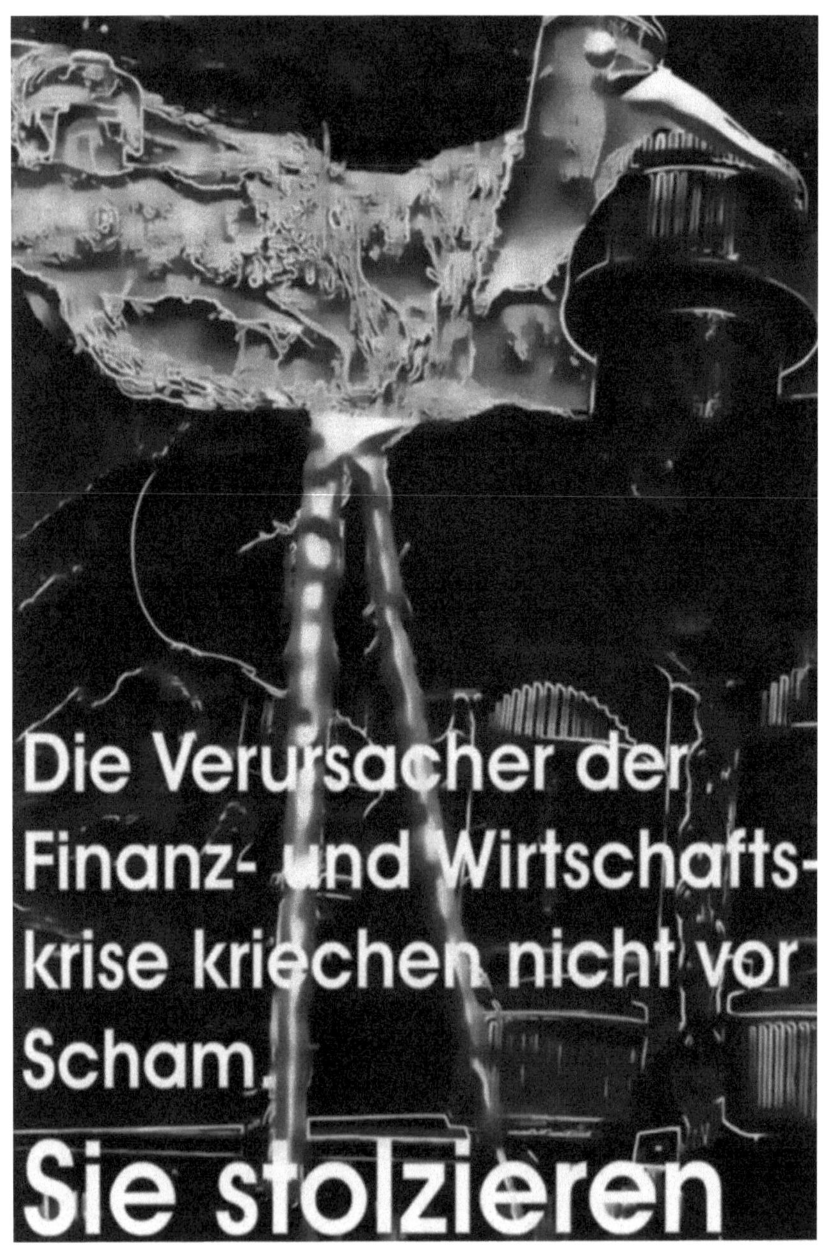
Die Verursacher der
Finanz- und Wirtschafts-
krise kriechen nicht vor
Scham.
Sie stolzieren

Man müsste sich in die Gedanken der
Urheber dieser Finanz- und Wirtschafts -
krisen und ihrer Folgen wie Konjunktur-
einbruch, Rezession, Banken- und Im-
mobilienkrise hinein denken können.
Man sollte unbedingt wissen, was die
Geldkünstler und andere parasitäre
Existenzen noch im Schilde führen.
Ob ihre Tücken, ihre maßlose Verderbt-
heit und ihre ambivalente Sozialisation,
ihre Selbstsucht weiter um sich greifen
- und wo jetzt.

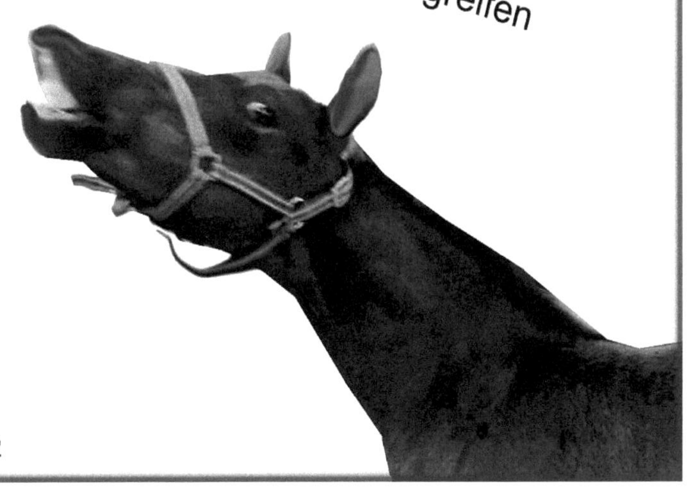

Plakat 112

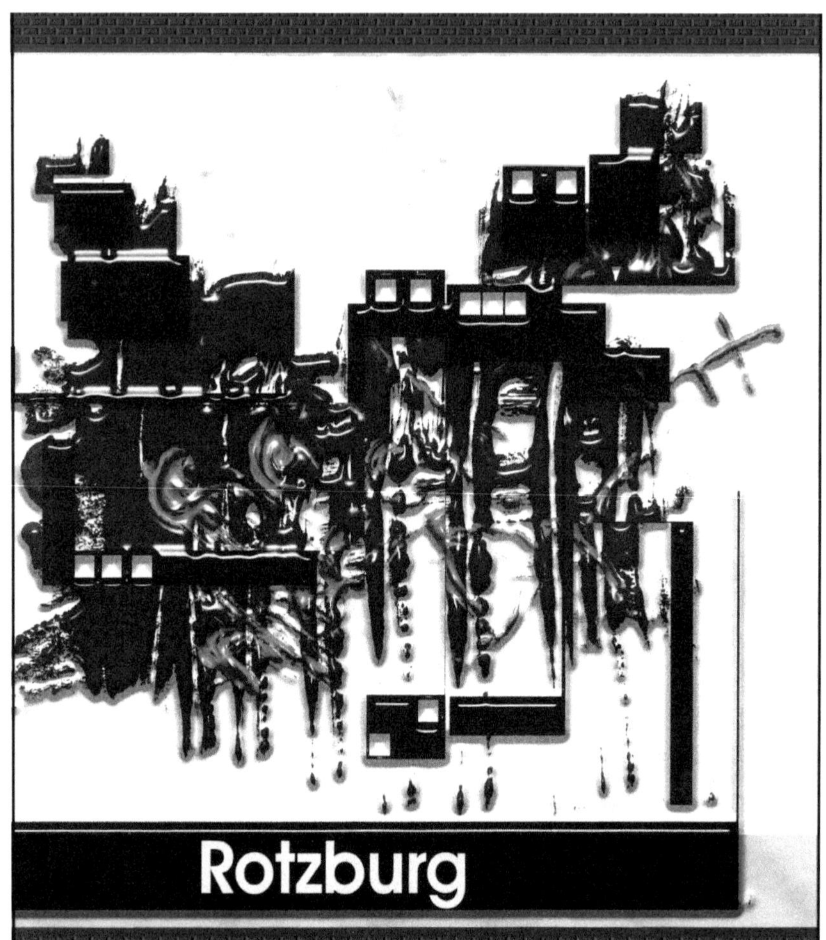

Rotzburg ist dort, wo der Schuster selbst die schlechtesten Schuhe trägt!

Plakat 113

Politiker hier in Rotz-
burg behaupten, SO
WAHR MIR GOTT
HELFE! Aber Gott hilft
ihnen nicht. Alle tun
alles vor den Augen
aller. Sie machen keinen
Hehl daraus, wenn sie
das Blaue vom Himmel
lügen. Sie schämen sich
nicht, so wahr ihnen
Gott nicht hilft.

Plakat 114

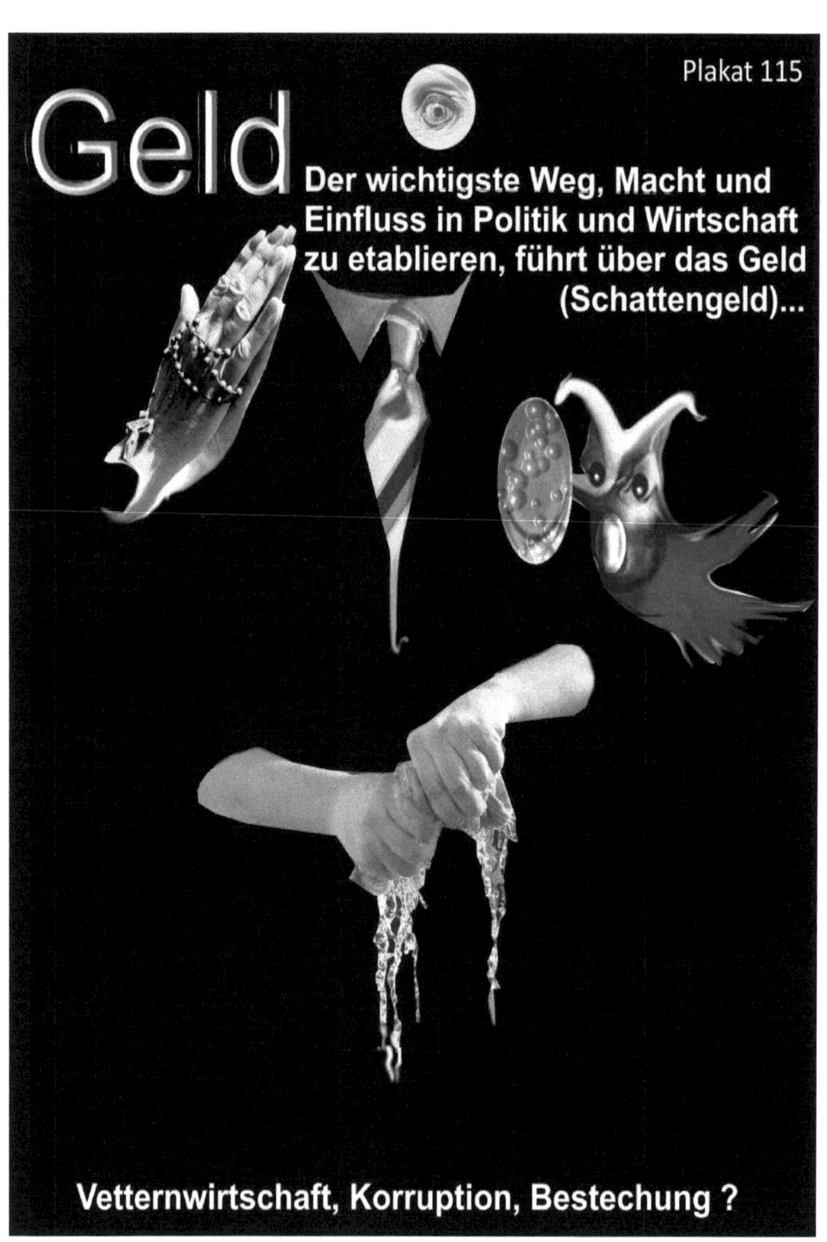
Geld
Der wichtigste Weg, Macht und
Einfluss in Politik und Wirtschaft
zu etablieren, führt über das Geld
(Schattengeld)...
Vetternwirtschaft, Korruption, Bestechung ?

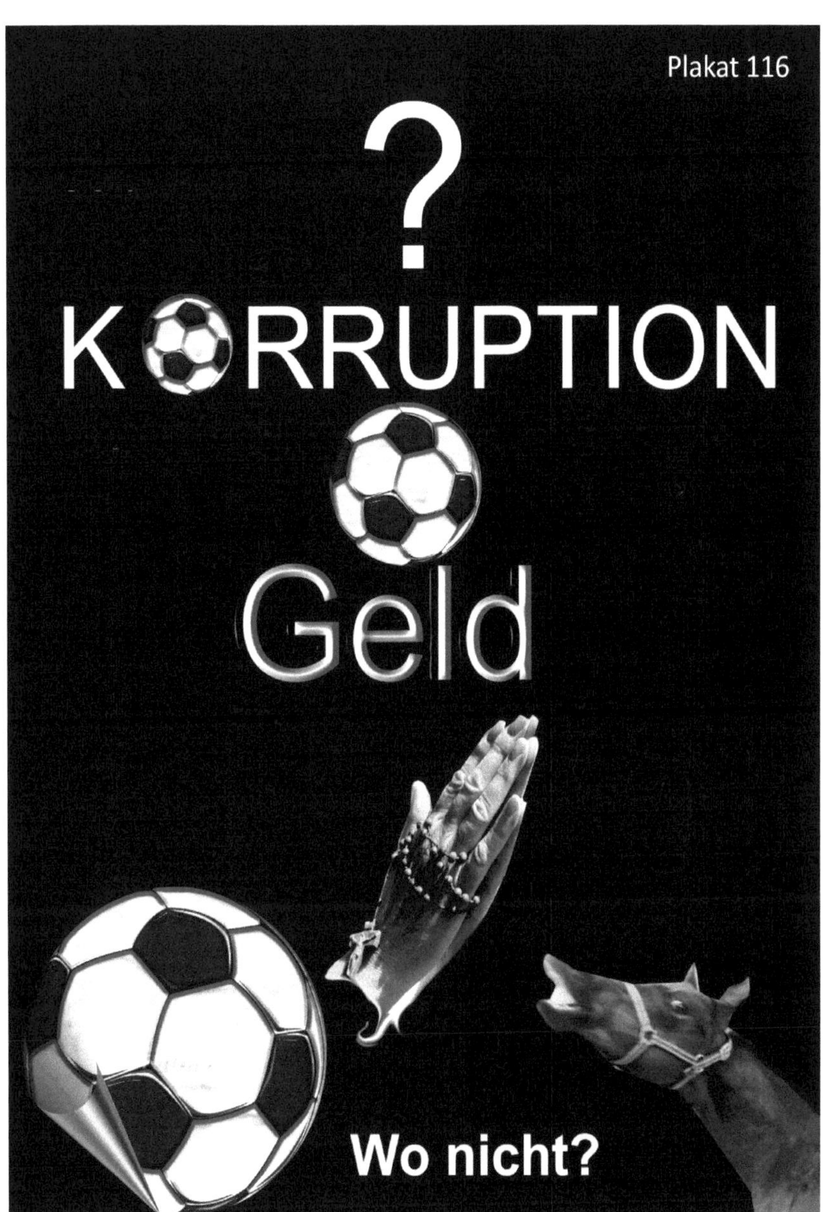

?
KORRUPTION
Geld
Wo nicht?

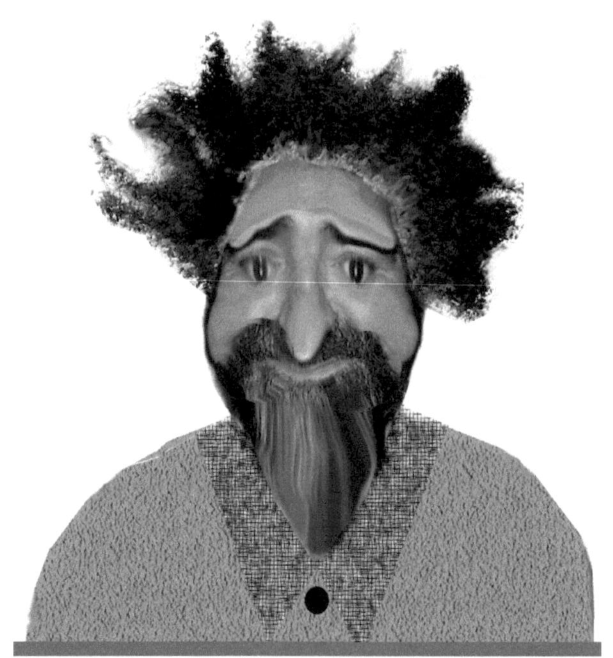

Was mich bewegt ...

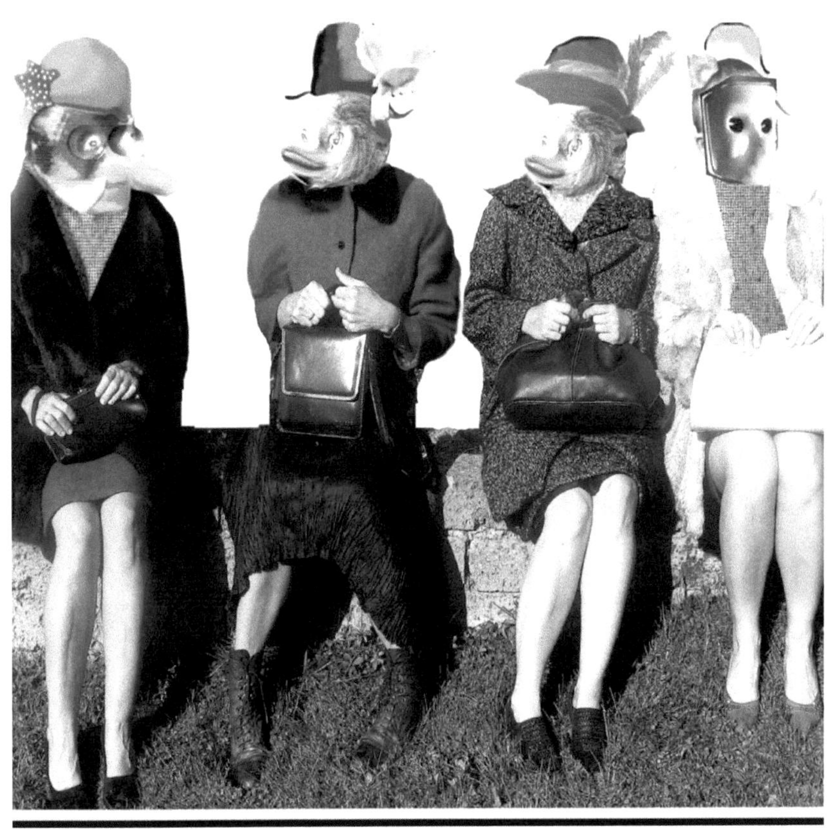

"Hildegard, was bedeutet eigentlich *VERARSCHEN* in der Politik?"

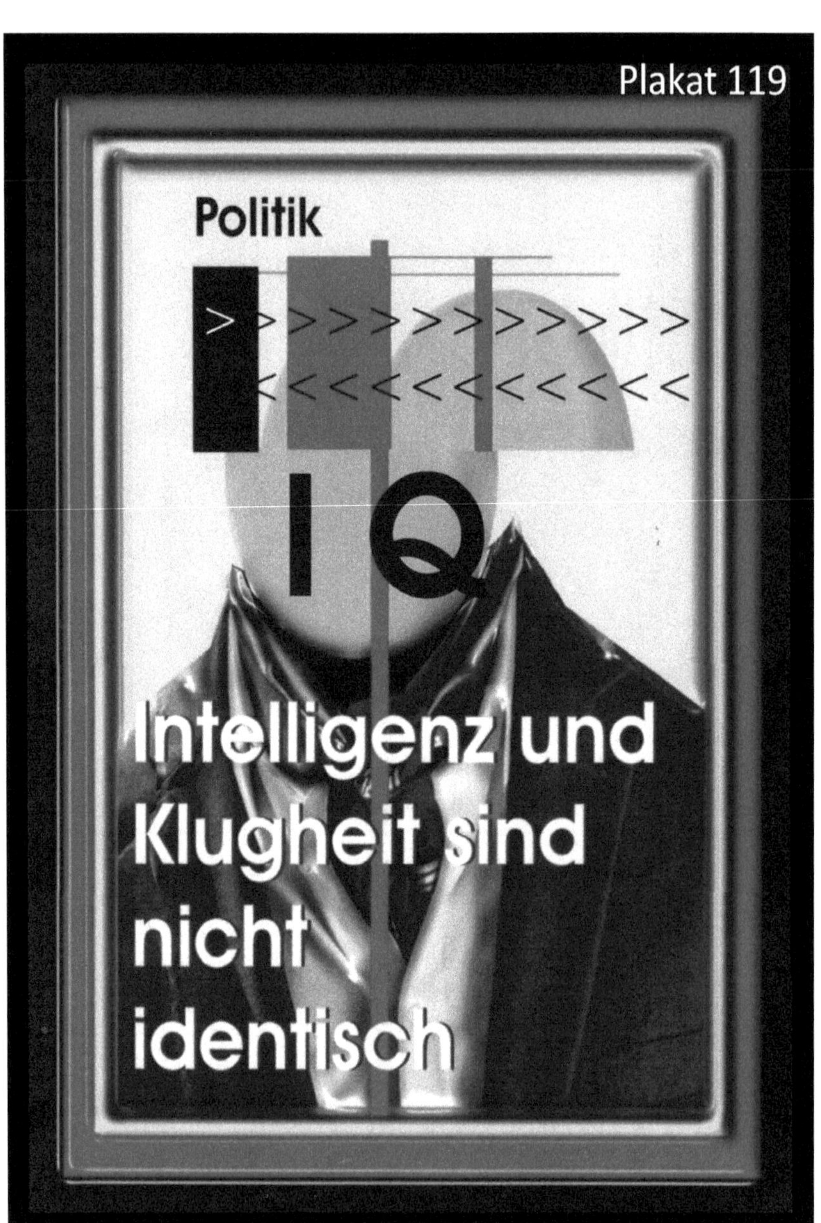
Politik
IQ
Intelligenz und Klugheit sind nicht identisch

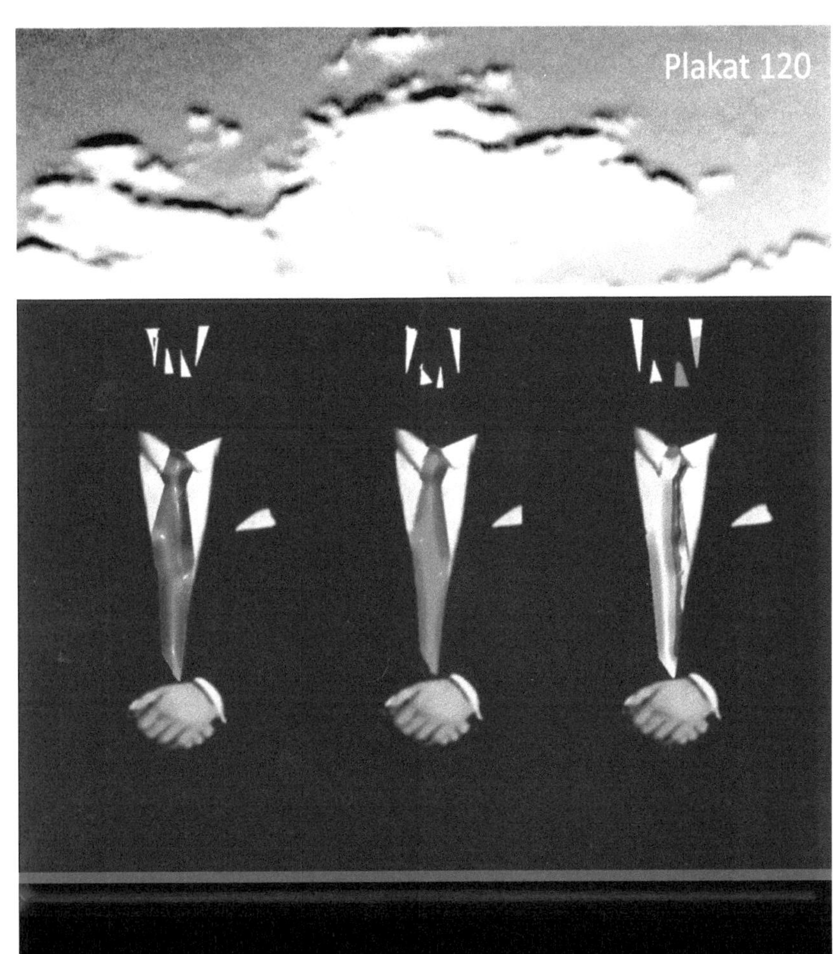
Lügt, Freunde, lügt!
Lügt das Blaue vom Himmel!
Der Mensch wünscht sich Güte, und ein Armer ist besser
als ein Lügner (1 Timotheus 6:17)

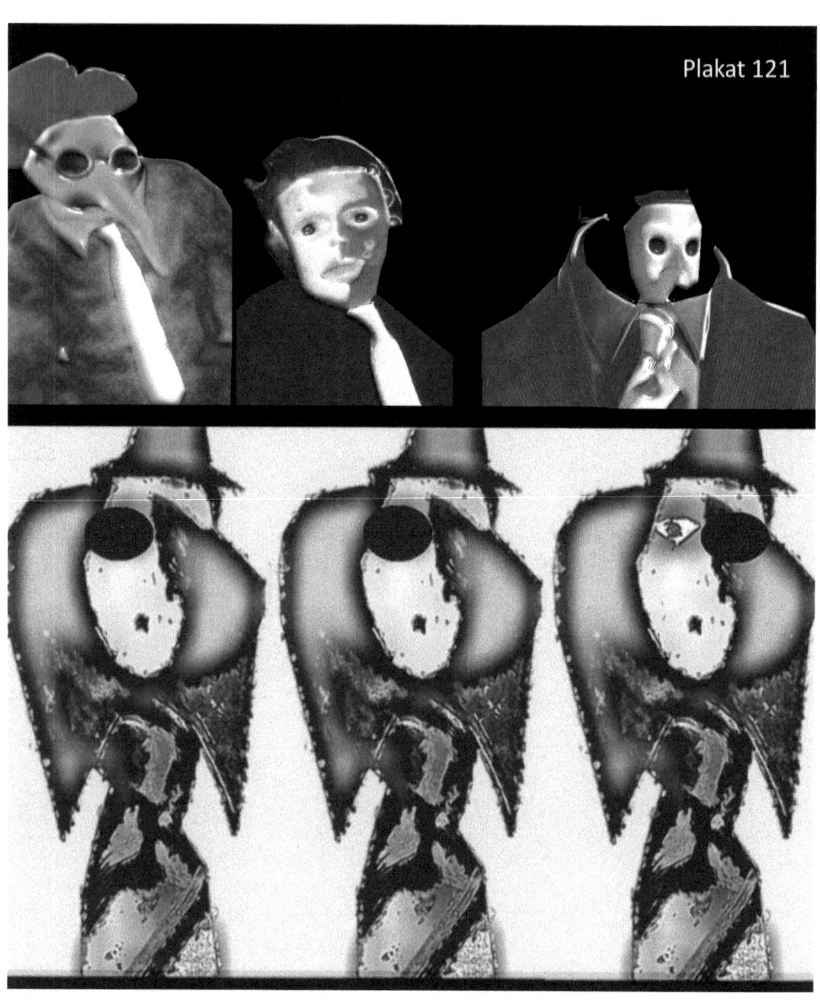

Neue Helden brauchen neue Schurken ...

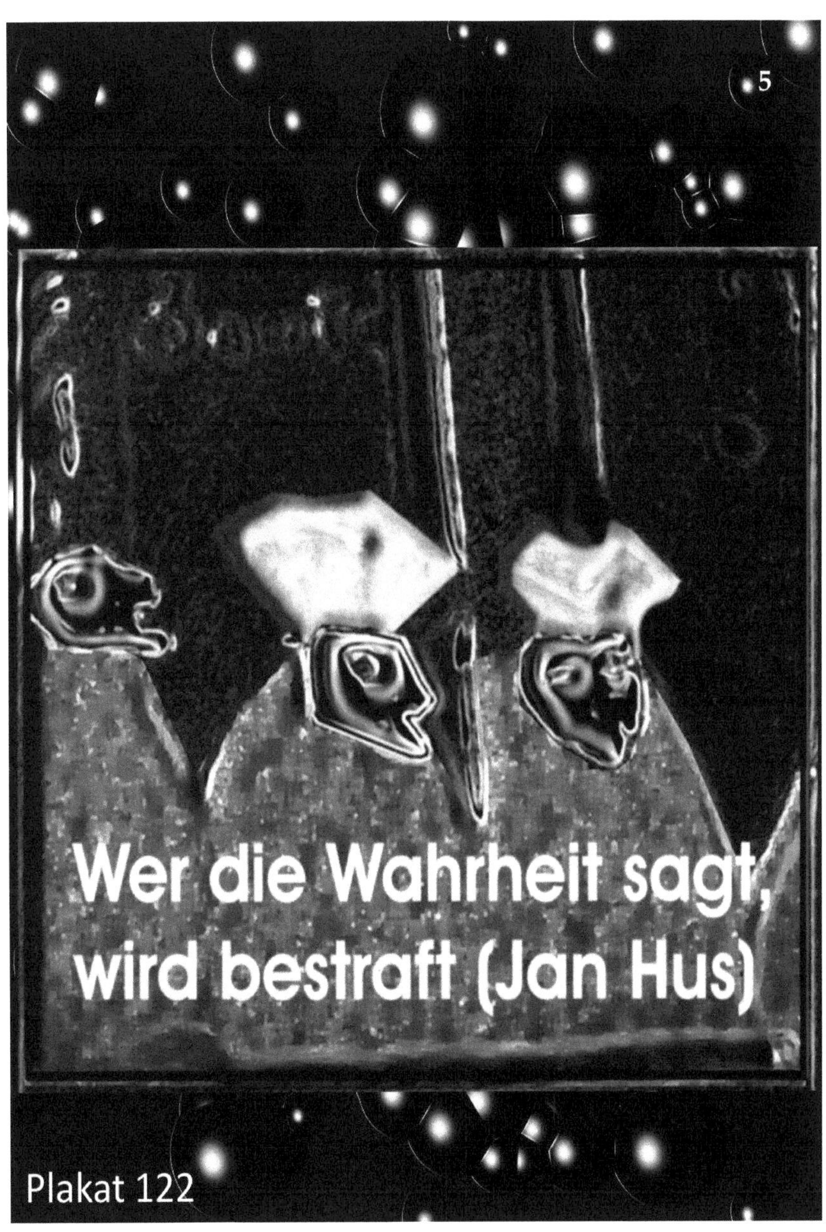

Plakat 122

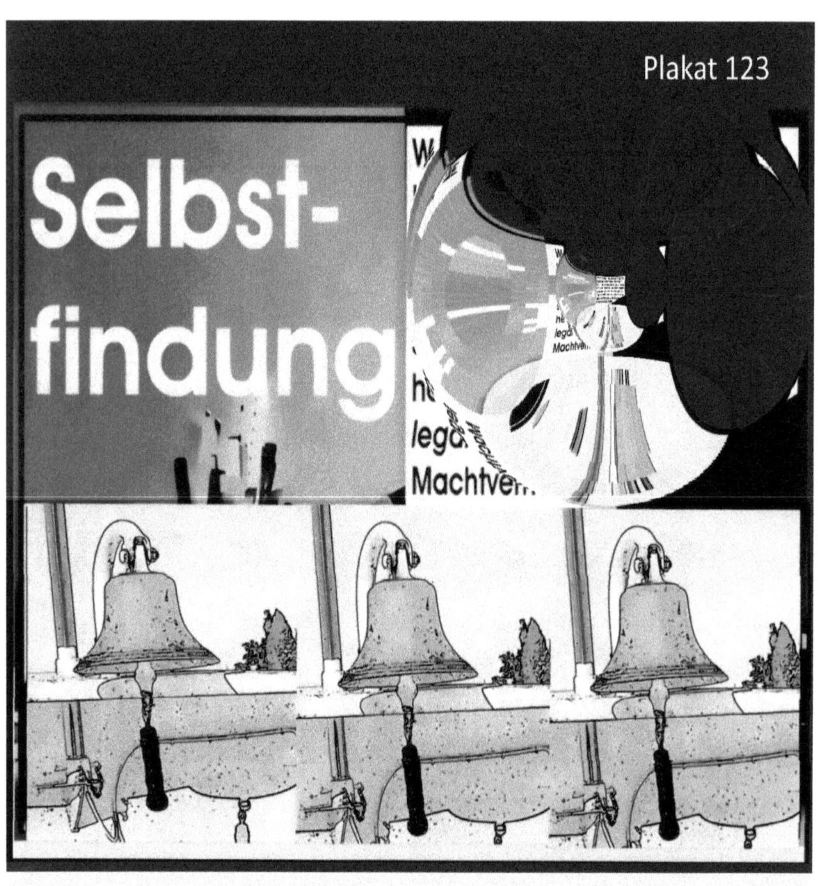

Wem gehört die Welt? Sie gehört der pharmazeutischen Industrie, einem Zweig der chemischen Industrie, und dem organisierten Verbrechen. Die Menschheit gerät nach und nach unter legale Drogen und illegale Machtverhältnisse.

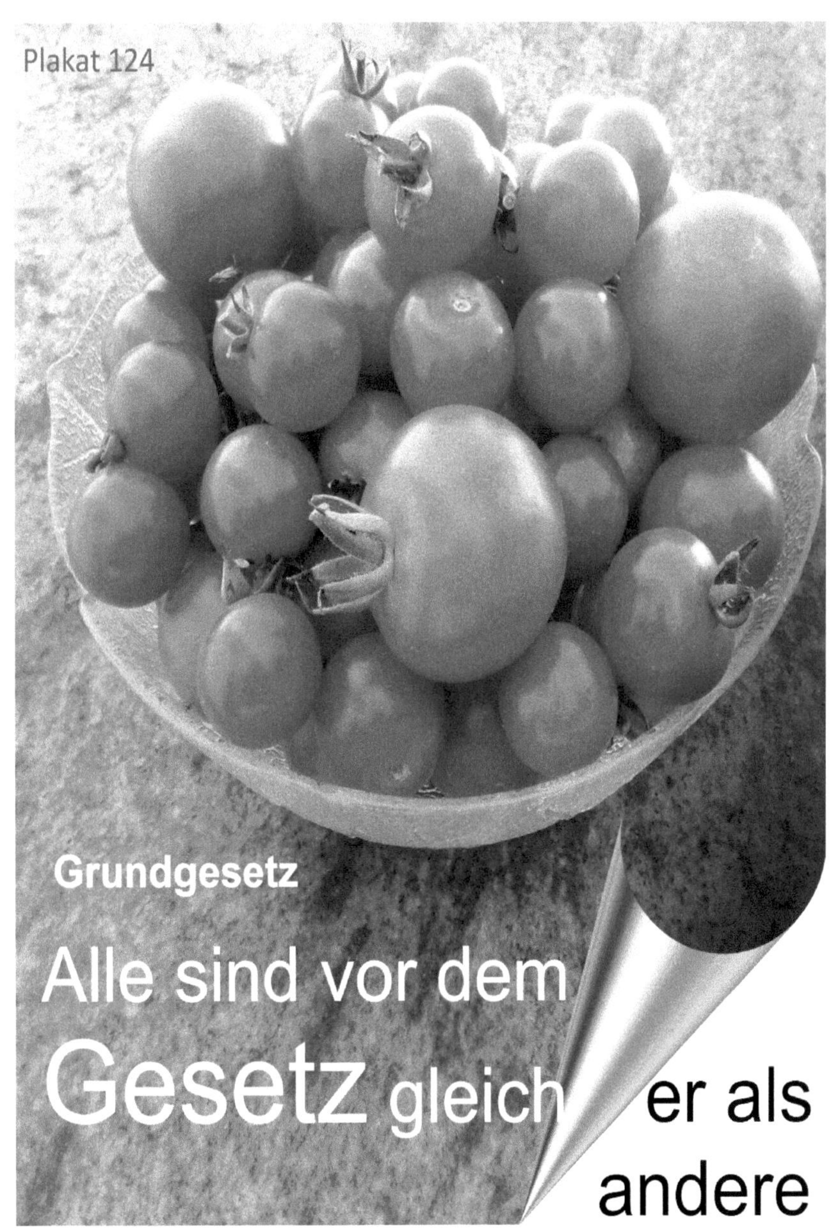
Grundgesetz
Alle sind vor dem
Gesetz gleich   er als
andere

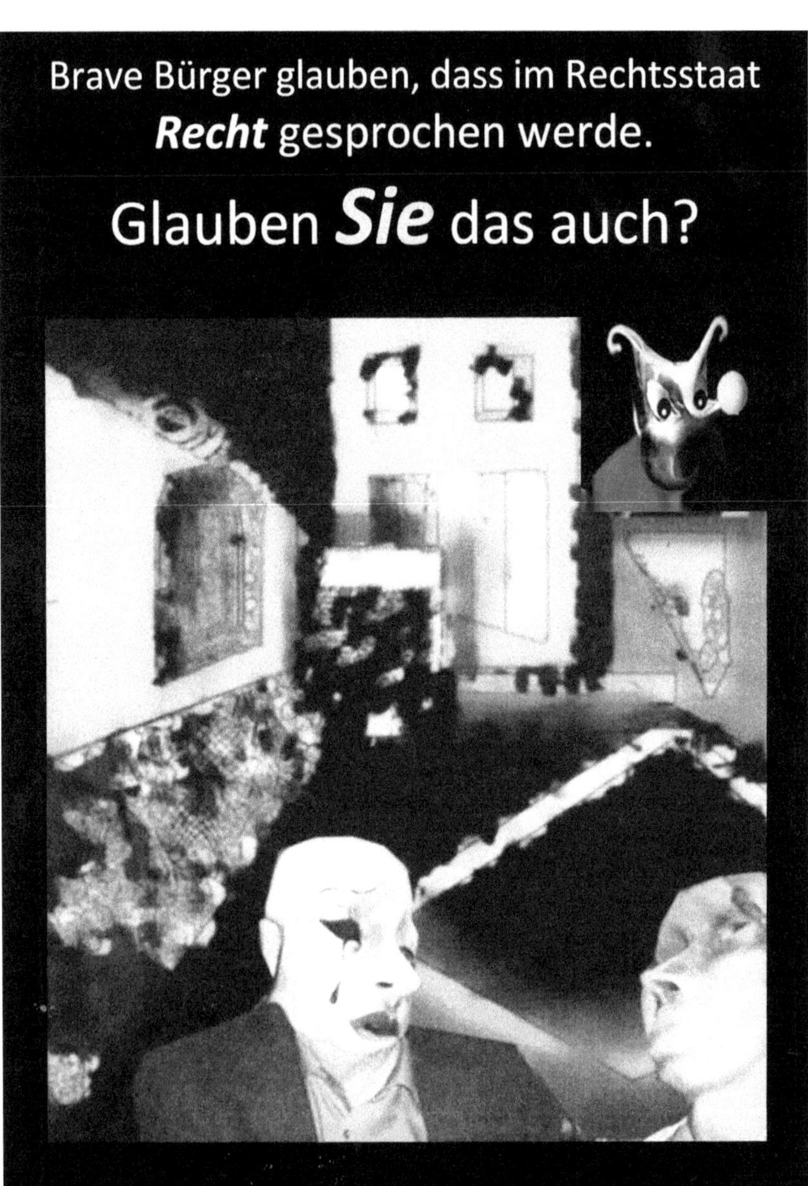

Brave Bürger glauben, dass im Rechtsstaat
Recht gesprochen werde.

Glauben *Sie* das auch?

Plakat 125

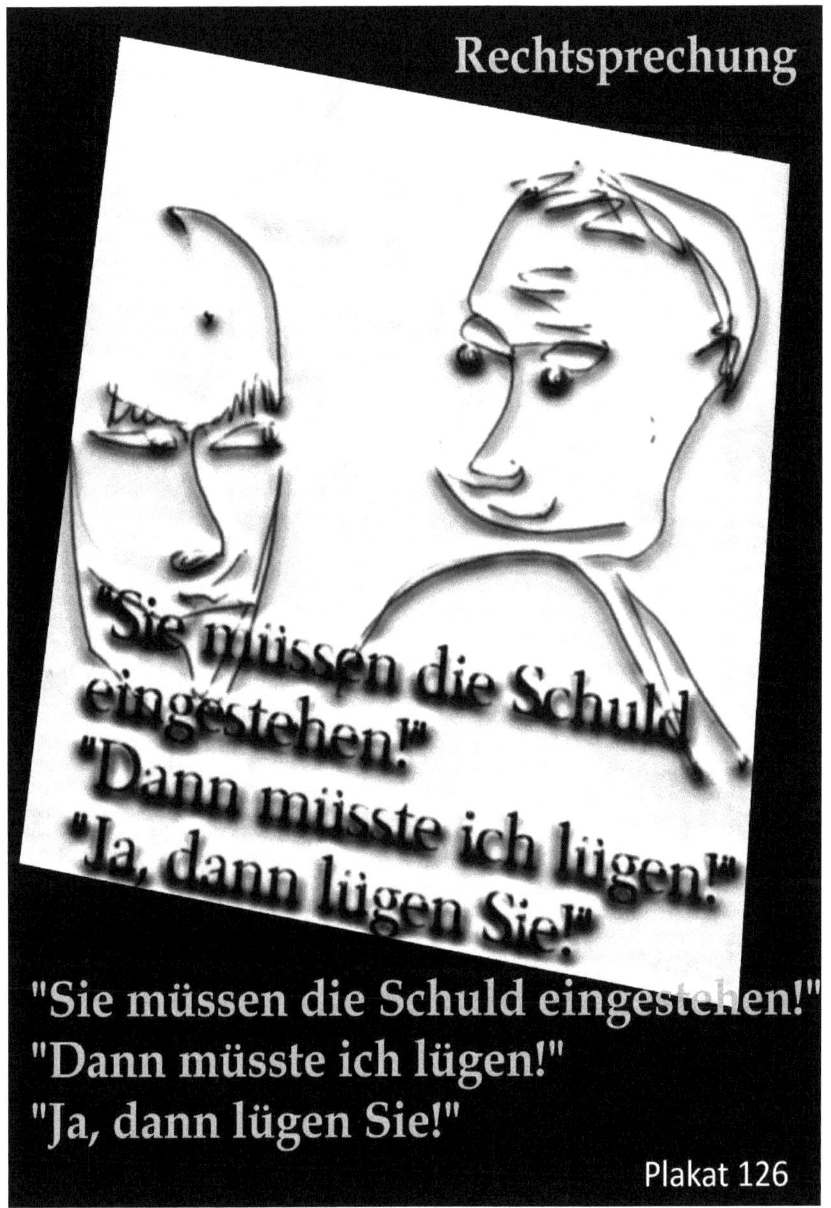

"Sie müssen die Schuld eingestehen!"
"Dann müsste ich lügen!"
"Ja, dann lügen Sie!"

Plakat 126

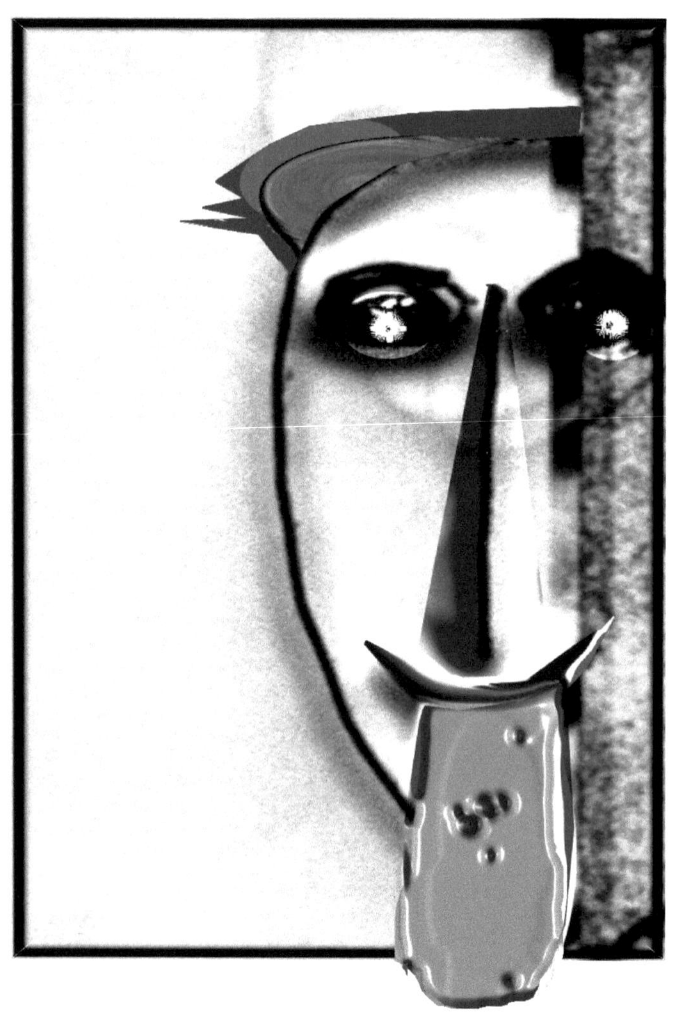

Plakat 127

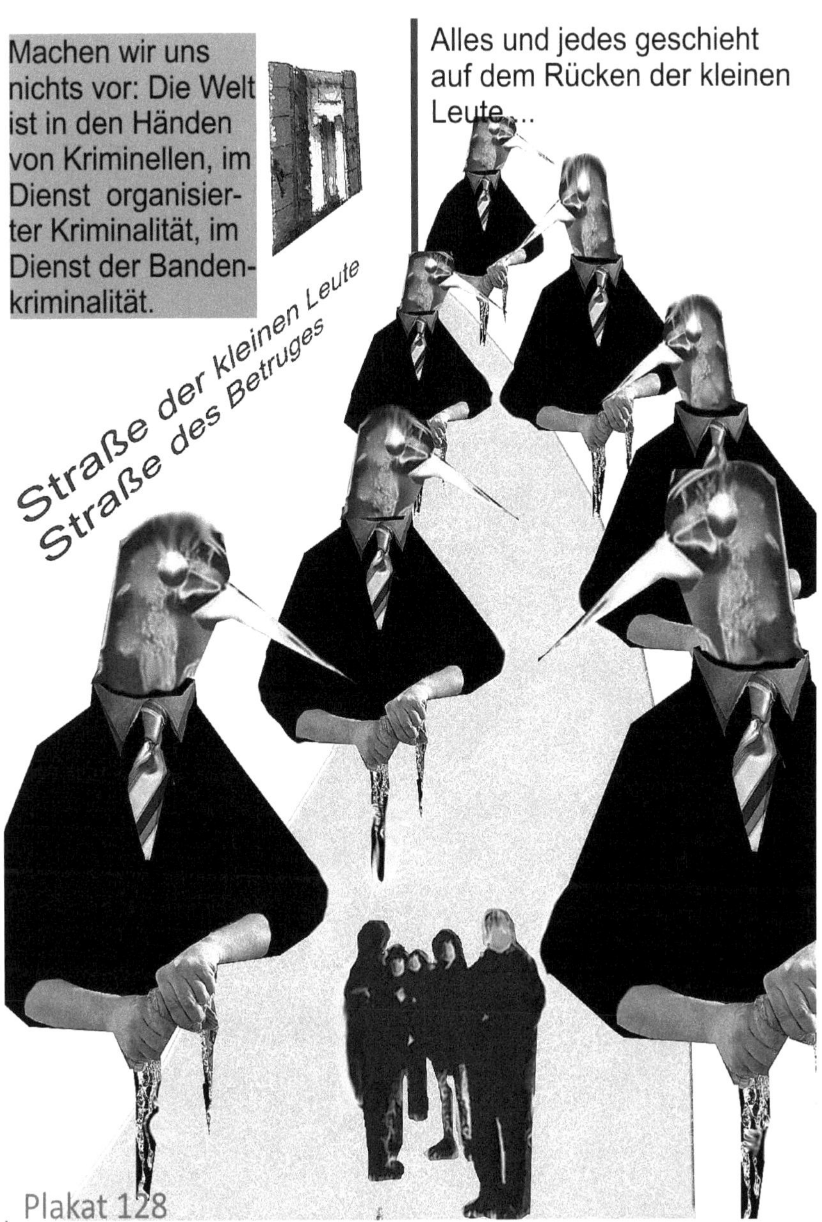

Machen wir uns nichts vor: Die Welt ist in den Händen von Kriminellen, im Dienst organisier- ter Kriminalität, im Dienst der Banden- kriminalität.
Alles und jedes geschieht auf dem Rücken der kleinen Leute...
Straße der kleinen Leute
Straße des Betruges
Plakat 128

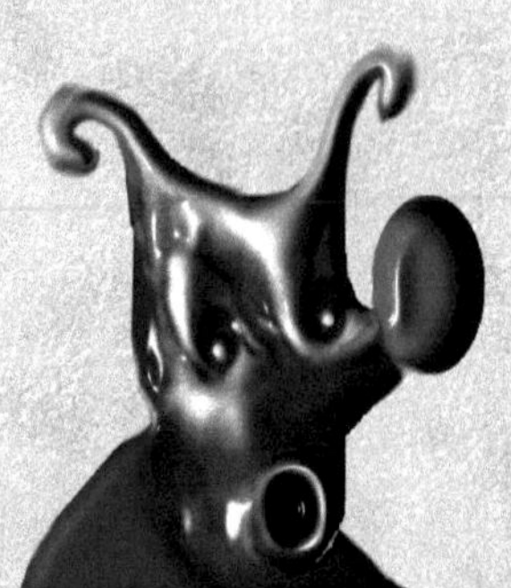

Nicht für das Leben, sondern für die Schule lernen wir!

Ziel und Ergebnis staatlich gelenkter schulischer Erziehung und Bildung .... ist wohl der DRESSIERTE AFFE. Oder irre ich mich da?

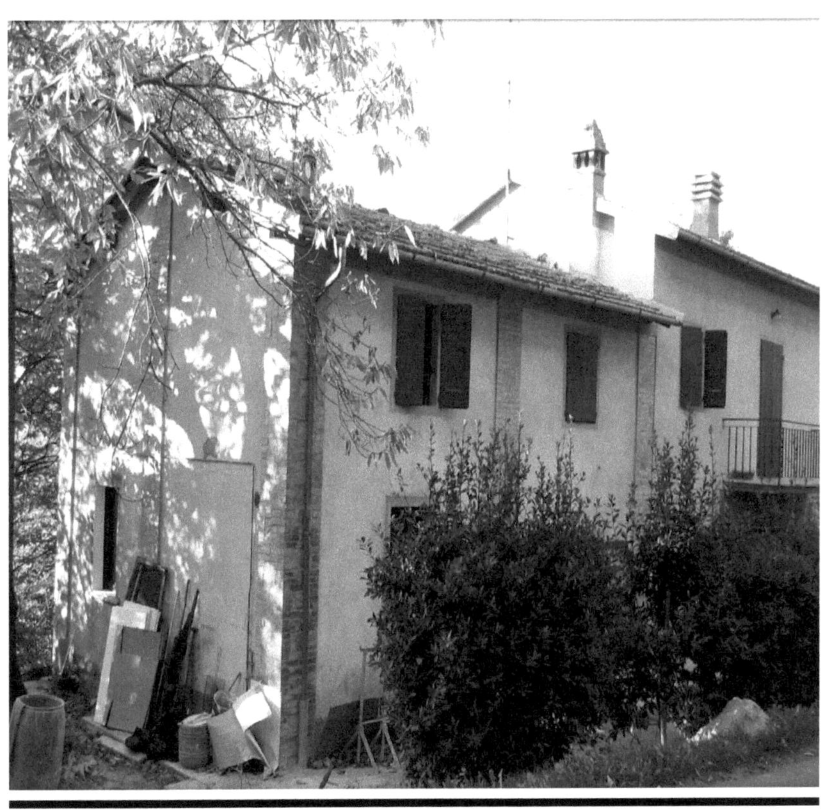

Was uns bewegt

Plakat 130

Die Renten sind sicher ...

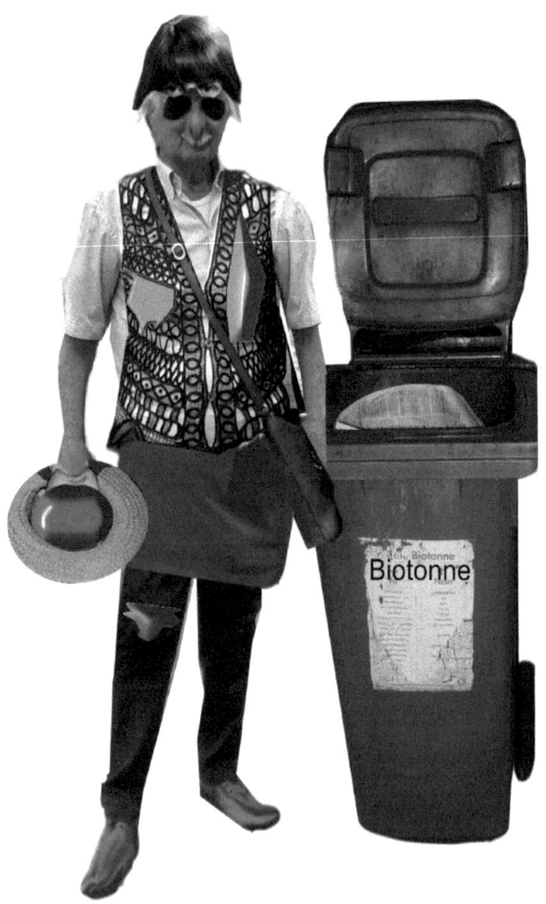

Plakat 131

für 709
Bundestagsabgeordnete
und Herrn Schr...

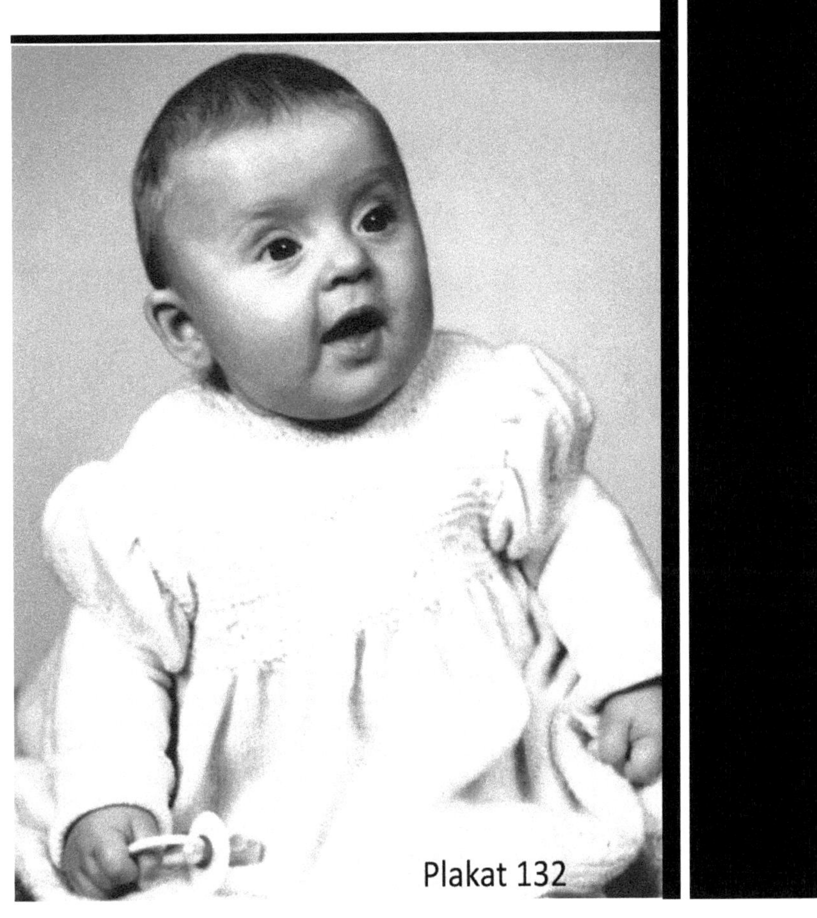

Plakat 132

Postkarte für deinen Vorgesetzten, deine Kolleginnen und Kollegen ...

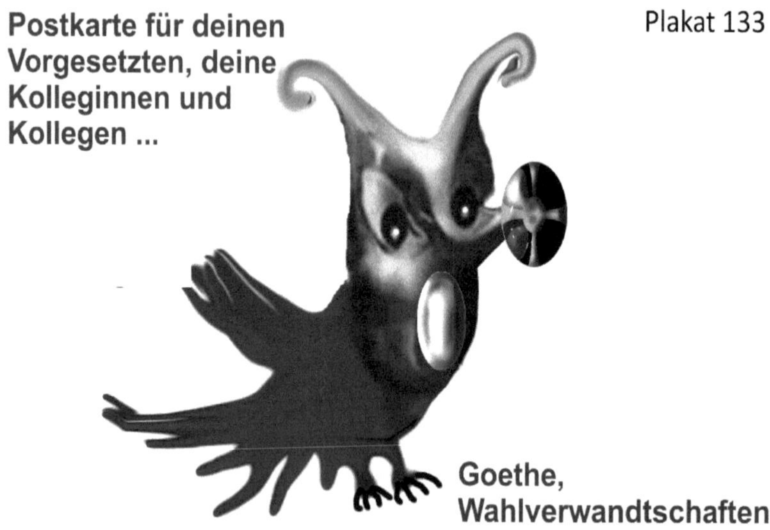

Goethe,
Wahlverwandtschaften

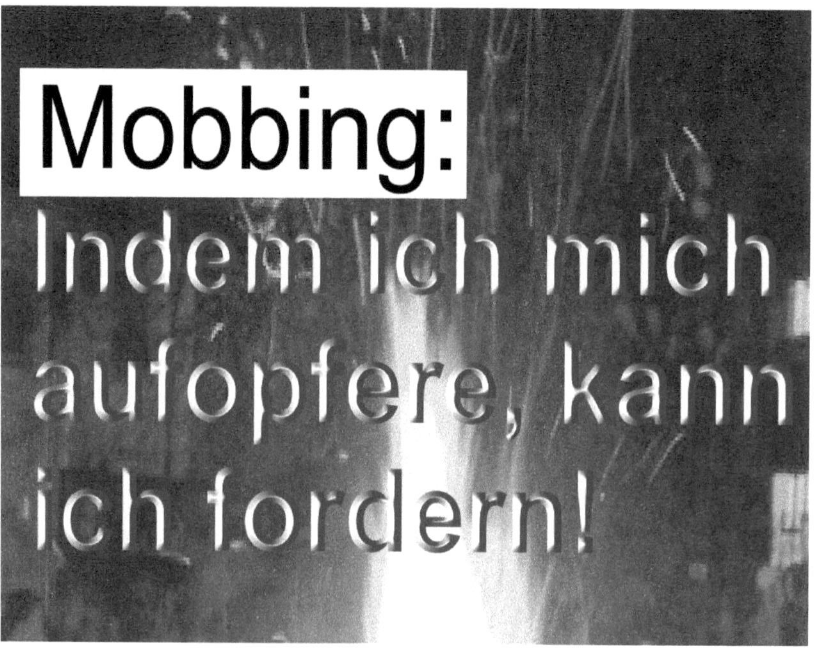

Das Peterprinzip in Bundes-, Landes-,
Kreis- und Kommunalbehörden in
Schlummerland...

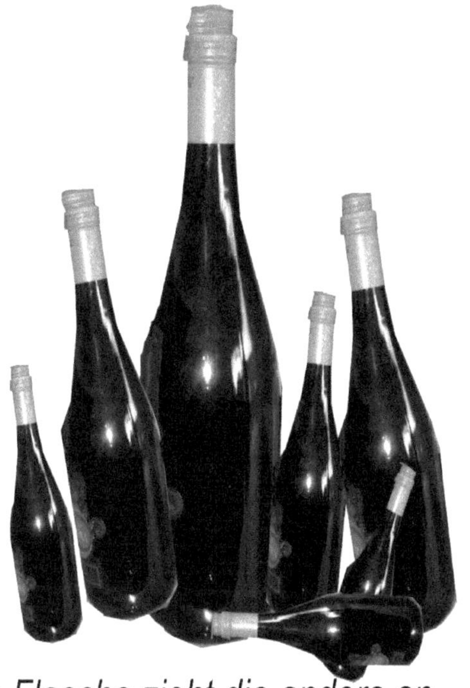

Eine Flasche zieht die andere an ...

Plakat 134

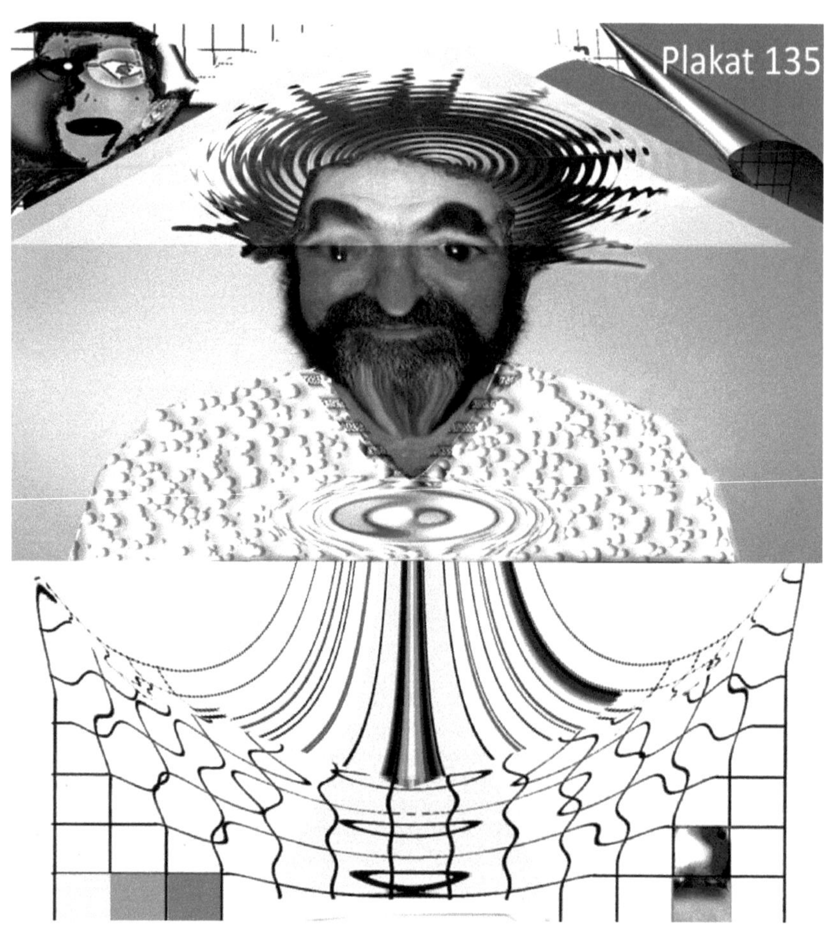

Fürchte dich nicht, denn ich habe
dich erlöst; ich habe dich bei deinem Namen gerufen; **du bist mein!**

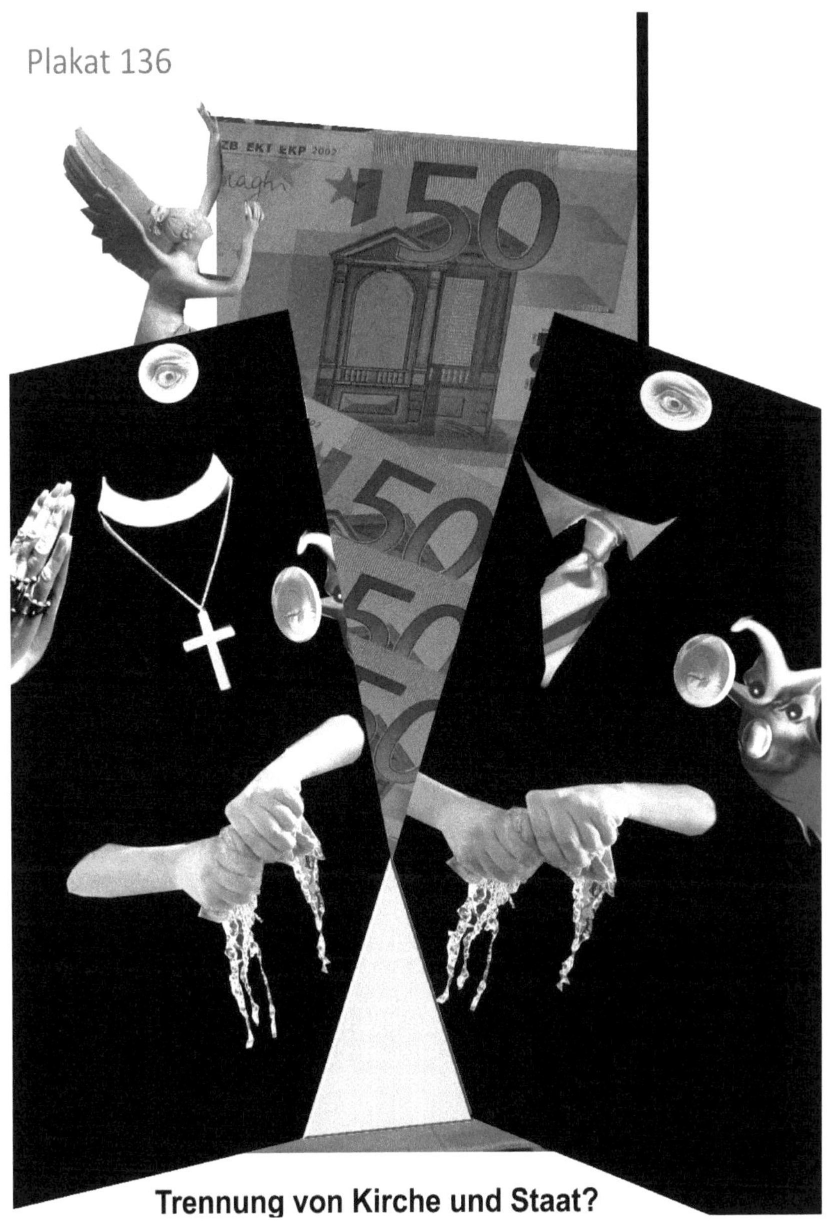

Trennung von Kirche und Staat?

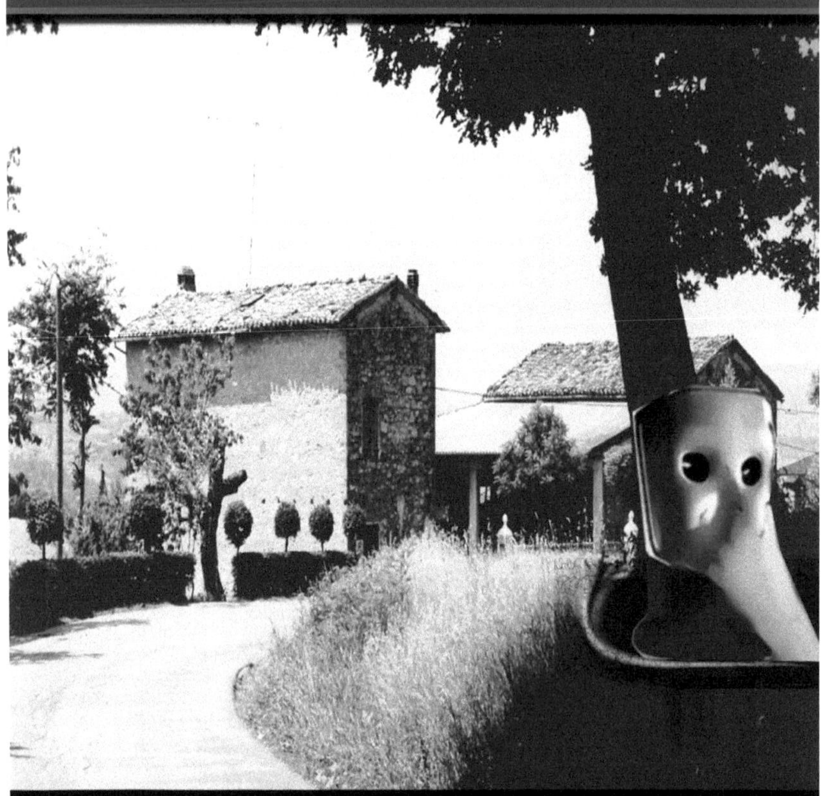

Eine gesunde Paranoia ist besser als blindes Vertrauen.

Bauer Stipes

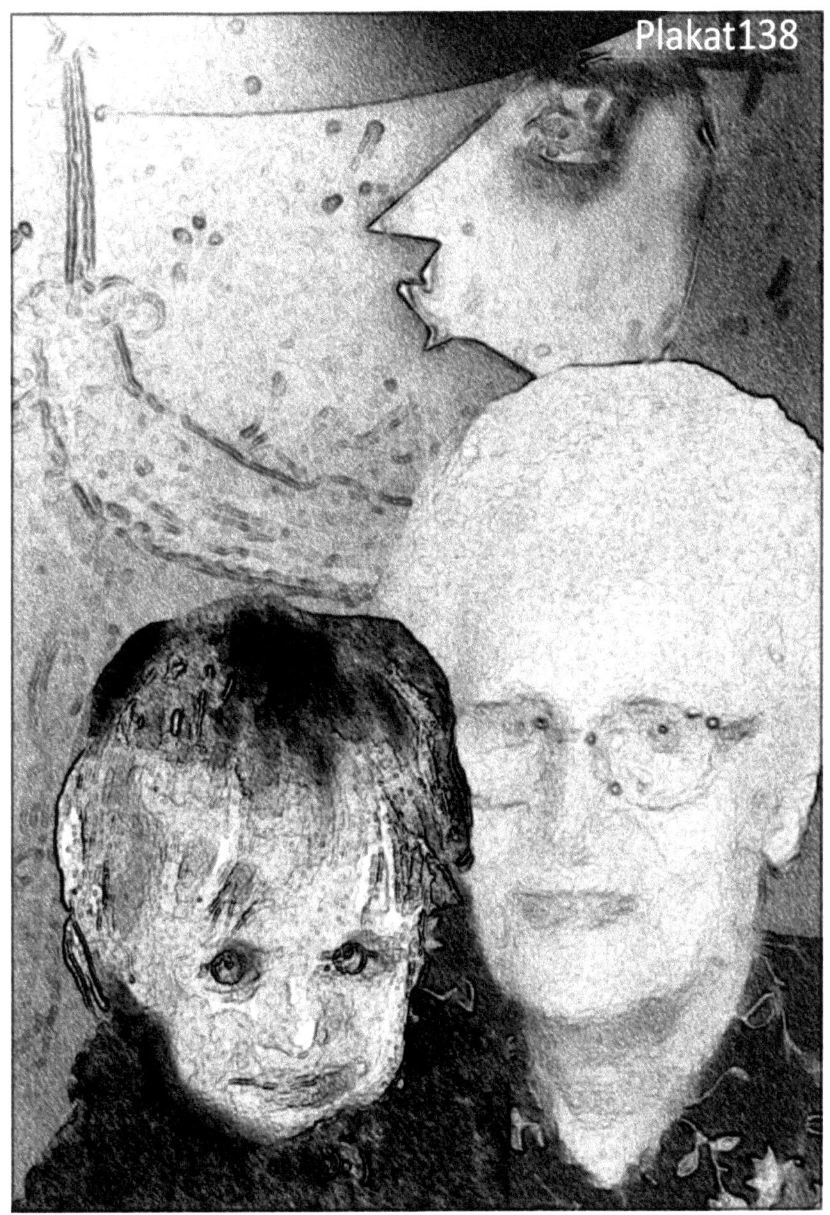
Plakat138

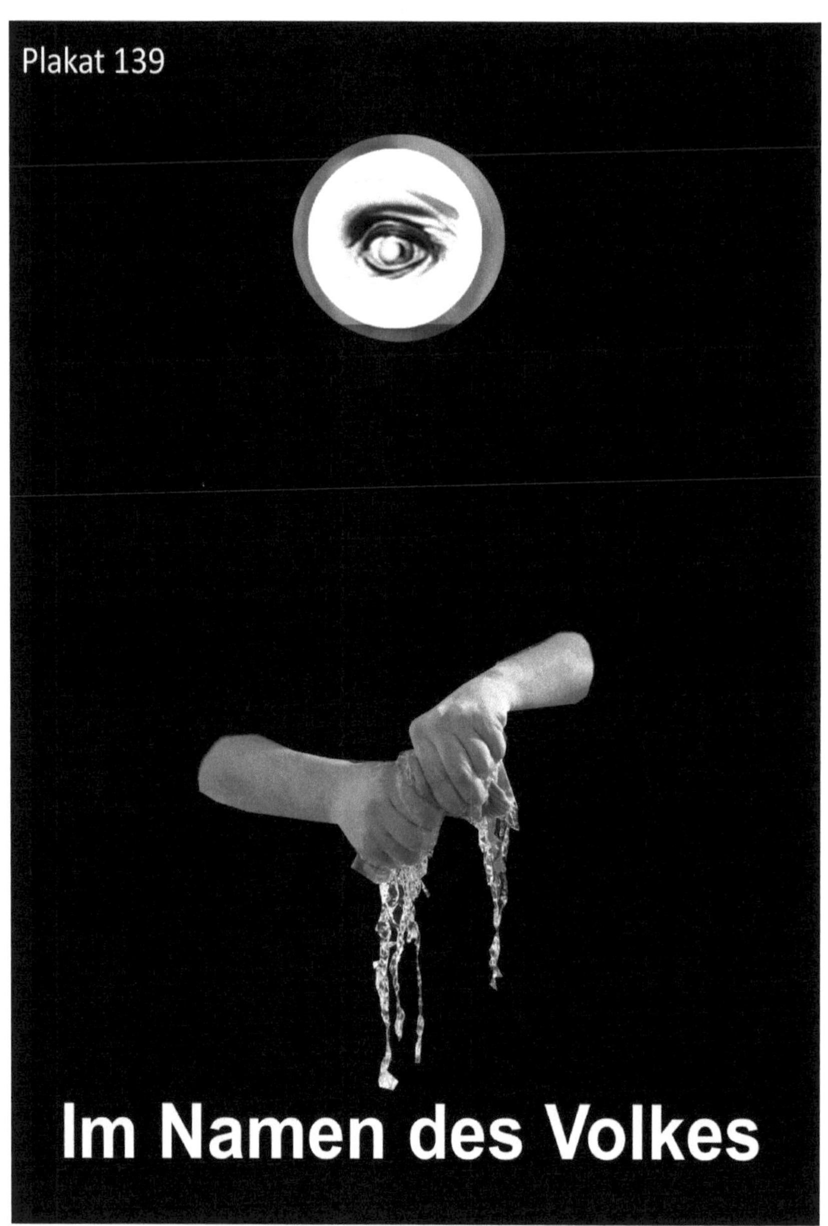
Im Namen des Volkes

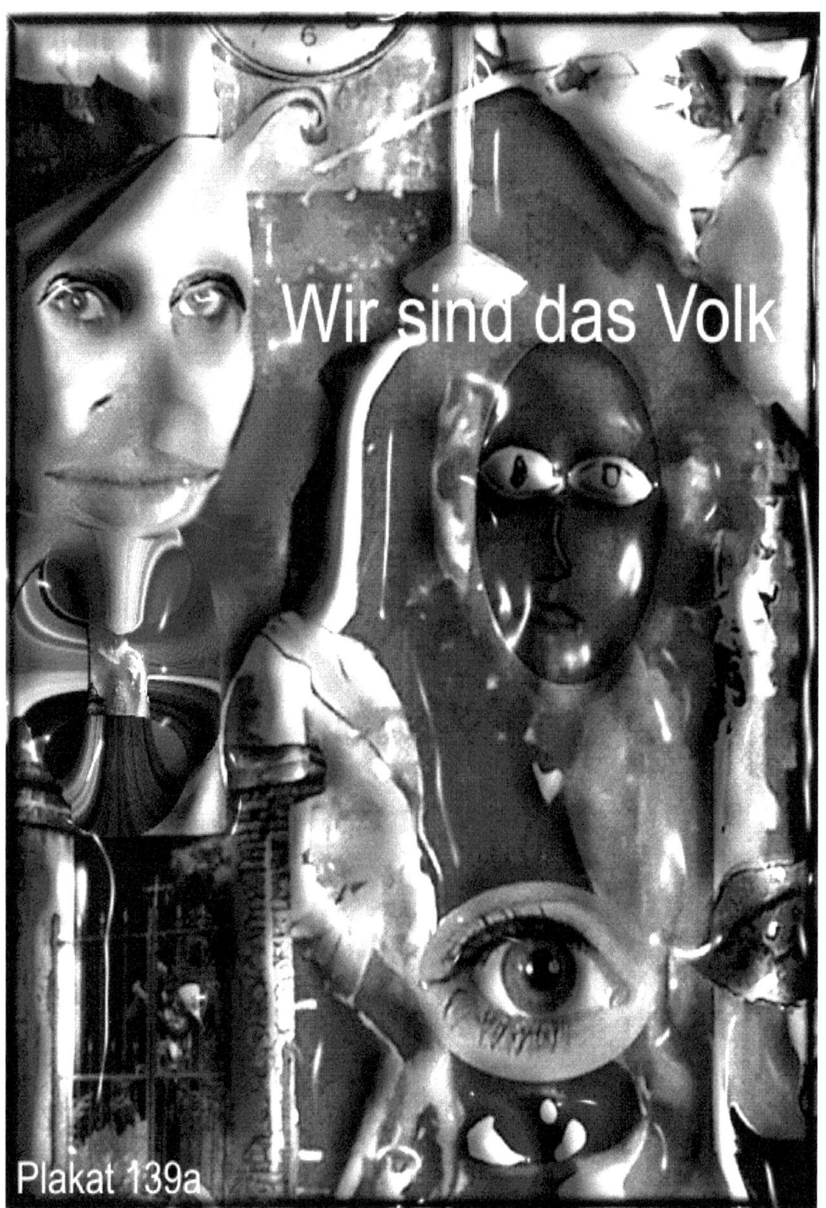

Wir sind das Volk
Plakat 139a

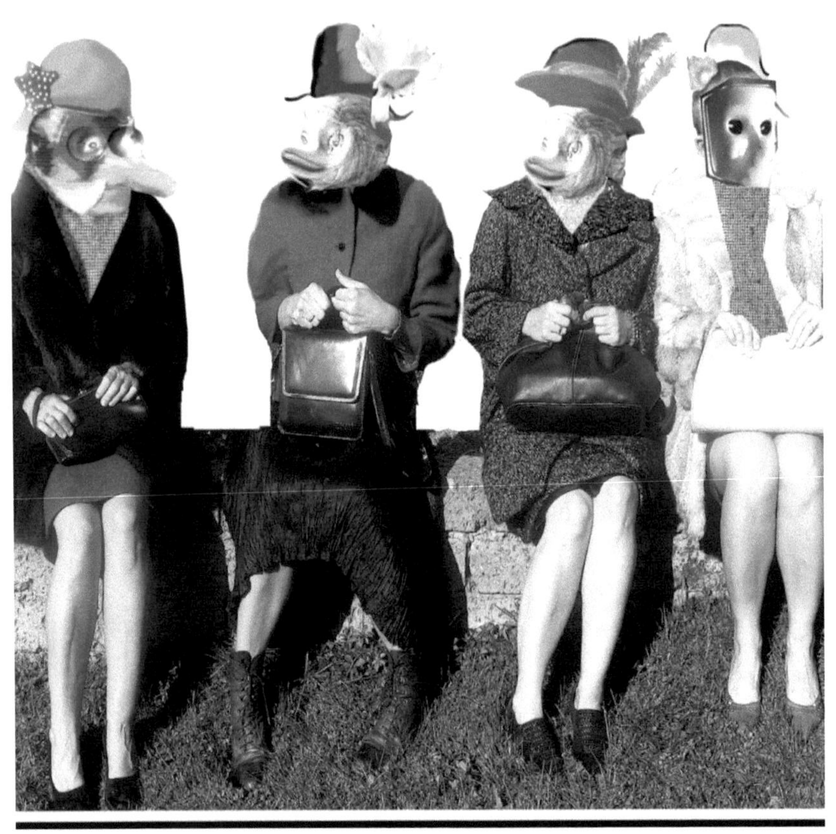

Wir sind der Meinung, Trump sollte sich besser krank melden.

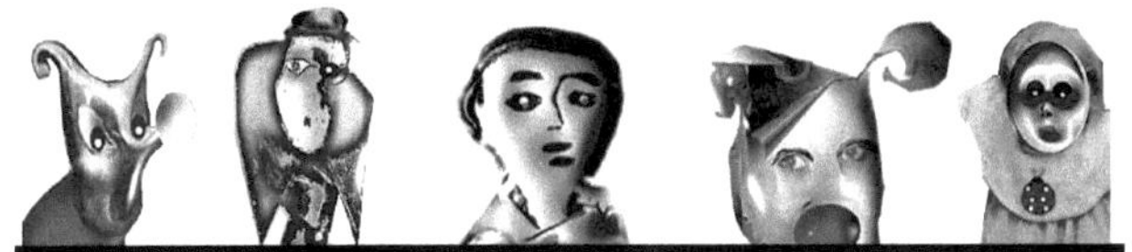

Was mich bewegt.

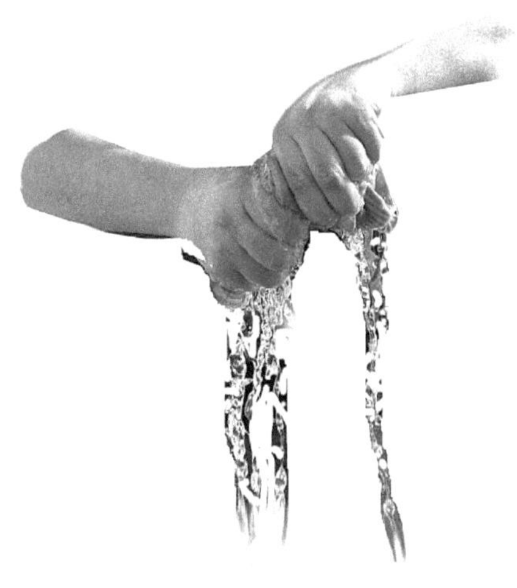

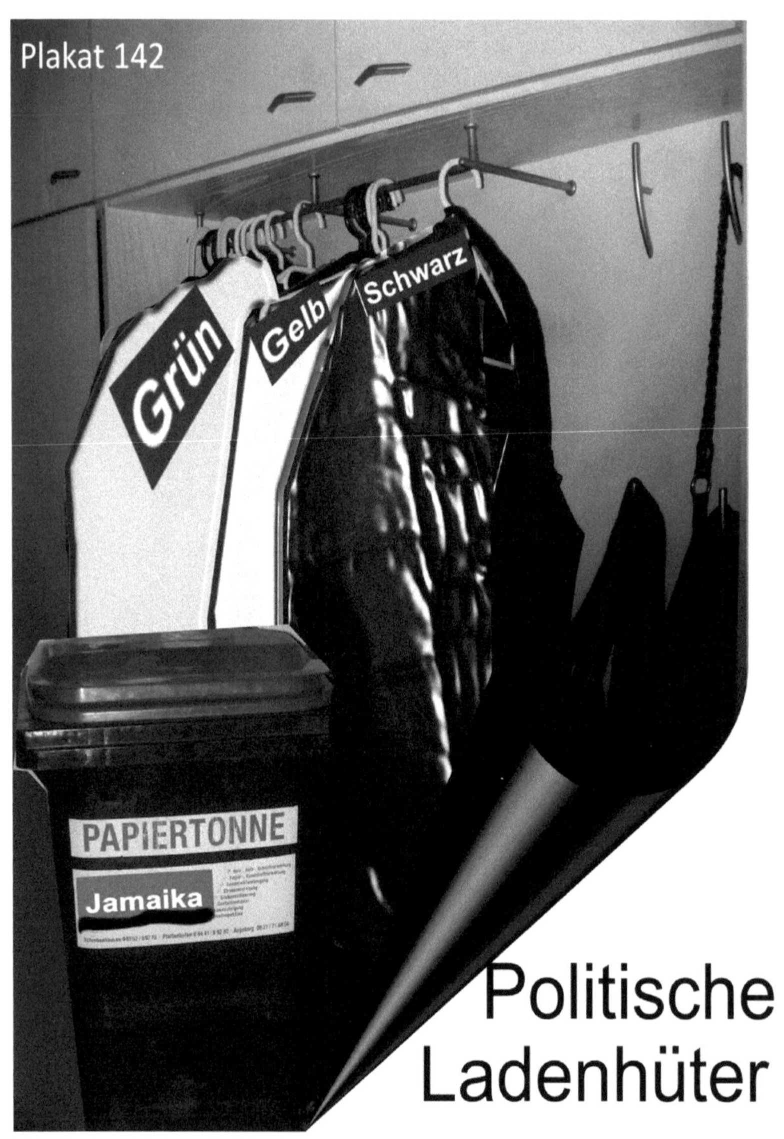

Grün
Gelb
Schwarz
PAPIERTONNE
Jamaika
Politische
Ladenhüter

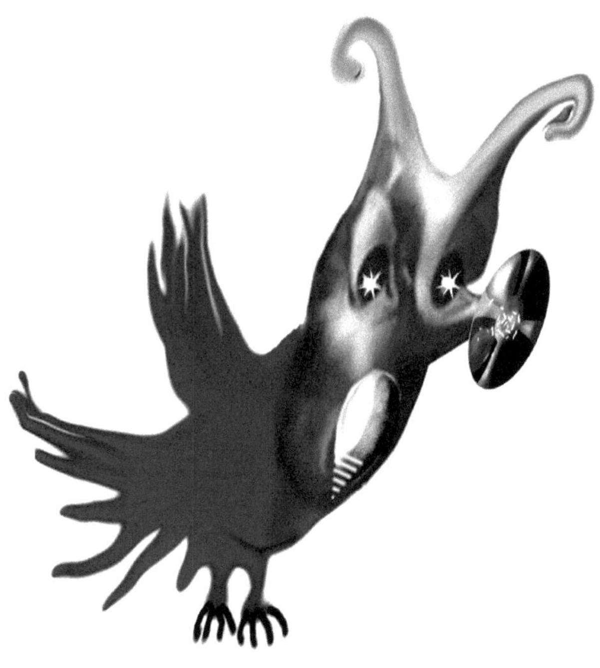

Makulatur?

Kapitel III.

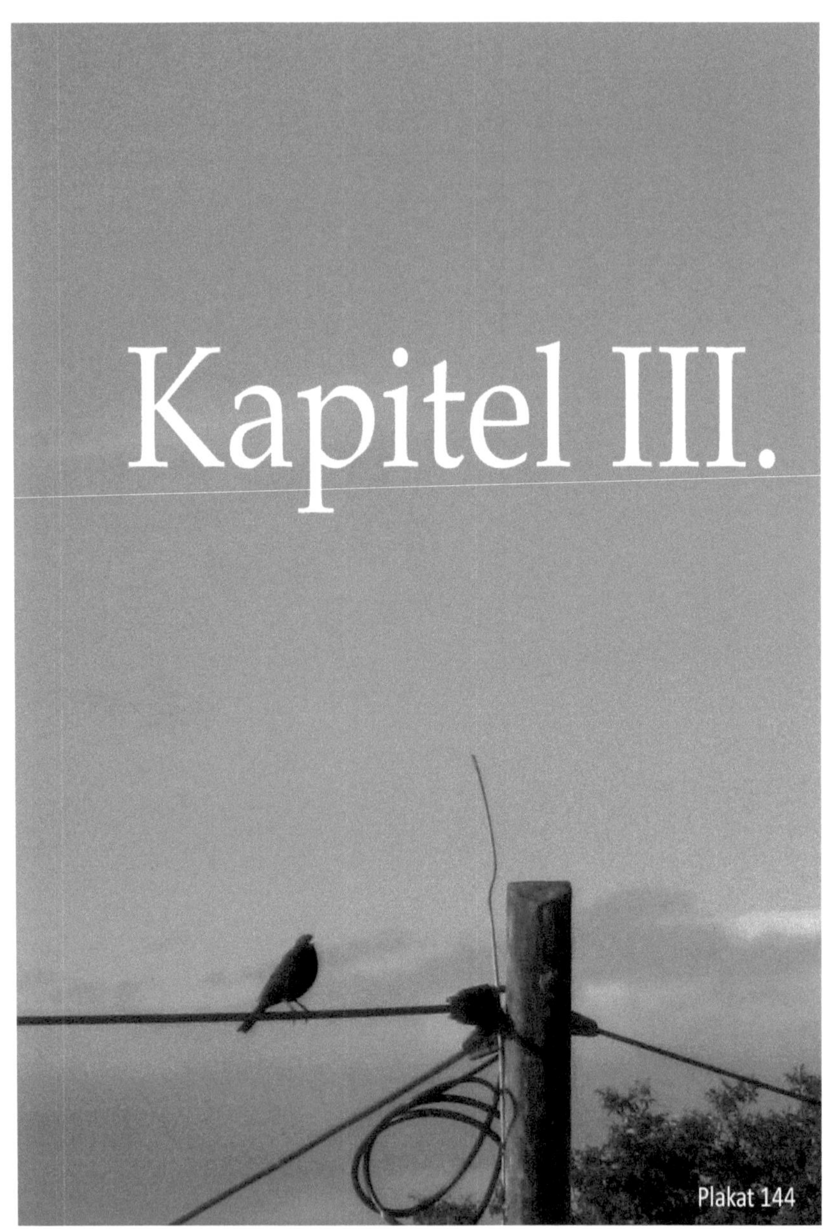

Plakat 144

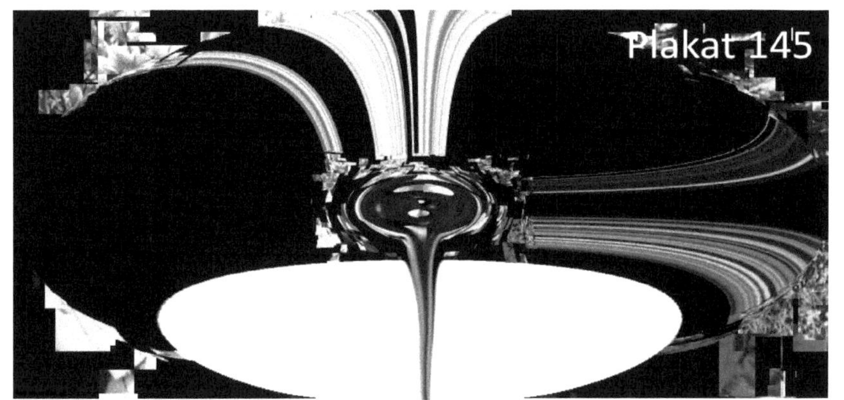

Krieg

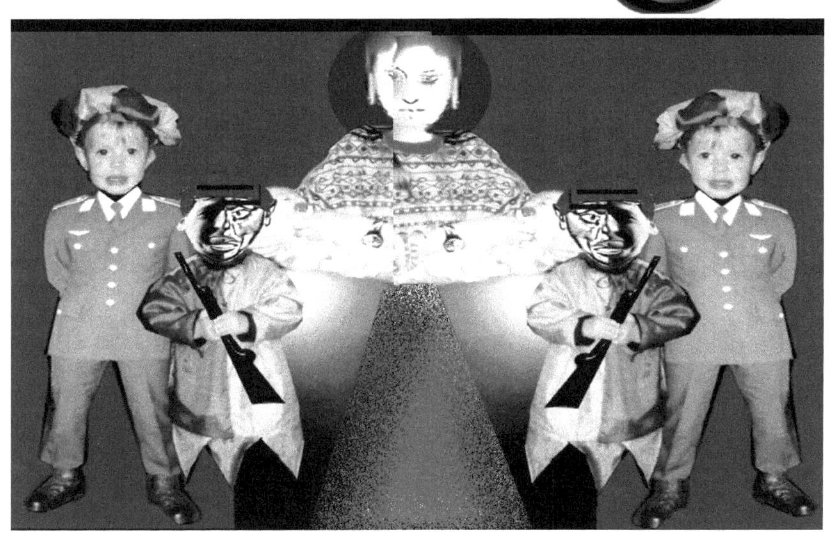

Kriegsdienst: Krieg
dient ausschließlich
dazu,
in der Befehlsgewalt
von Wahnsinnigen
andere für sich sterben
zu lassen.

Nichts befriedigt mehr als Krieg. **Buch Mose Deuteronomium 20.10: Regeln für die Kriegsführung. Bevor ihr eine Stadt angreift, sollt ihr zuerst mit den Bewohnern verhandeln und sie zur friedlichen Übergabe auffordern. Wenn sie darauf eingehen und ihre Tore öffnen, müssen sie euch gehorchen und Zwangsarbeit für euch leisten. Lehnen sie das Angebot ab, oder wollen sie kämpfen, so belagert die Stadt.**

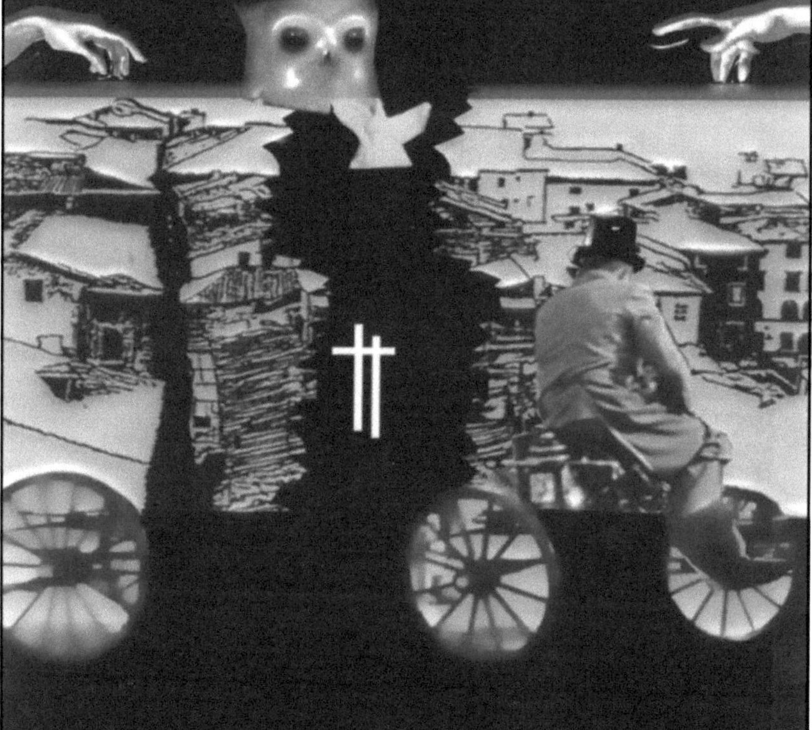

Wenn der Herr euer Gott euch dann siegen lässt, müsst ihr alle Männer töten. Die Frauen und Kinder, das Vieh und den übrigen Besitz dürft ihr behalten; ihr dürft die ganzen Vorräte eurer Feinde essen. Alles, was der Herr in eure Hand fallen ließ.

Plakat 147

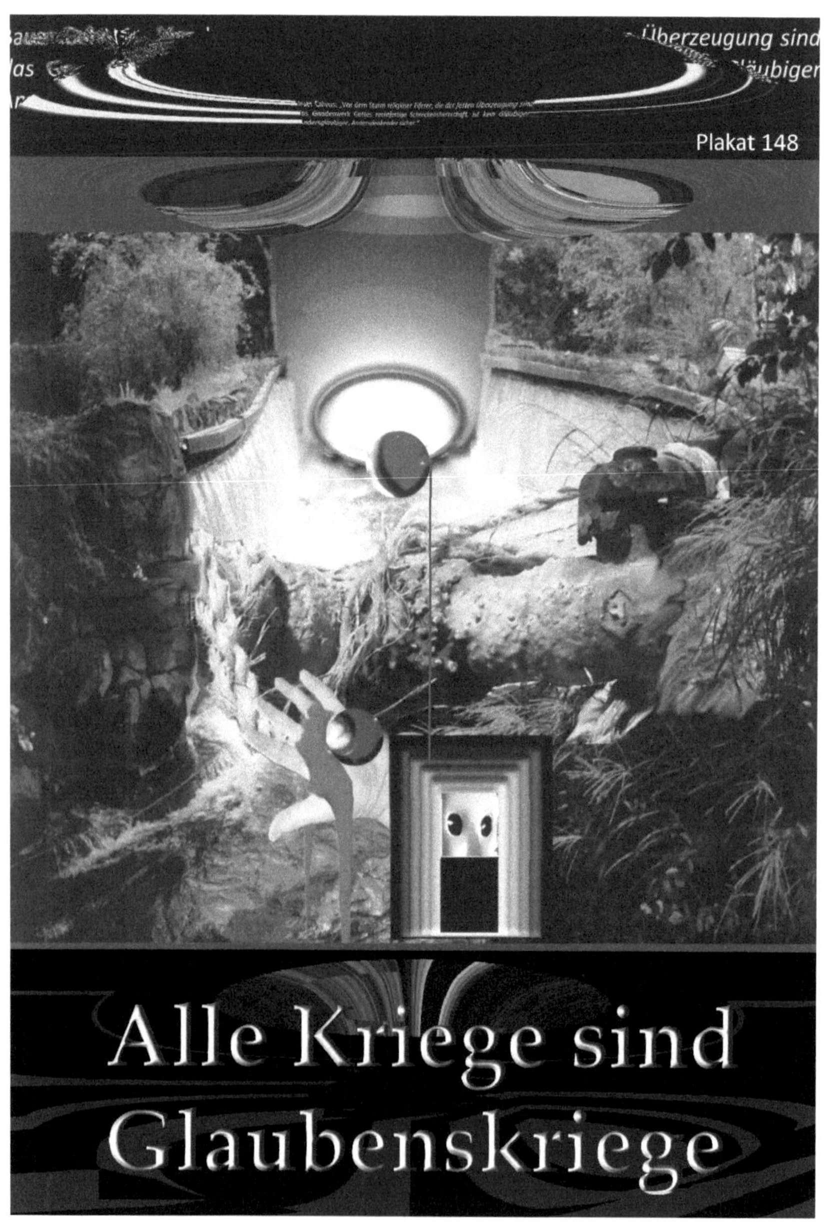
Alle Kriege sind
Glaubenskriege

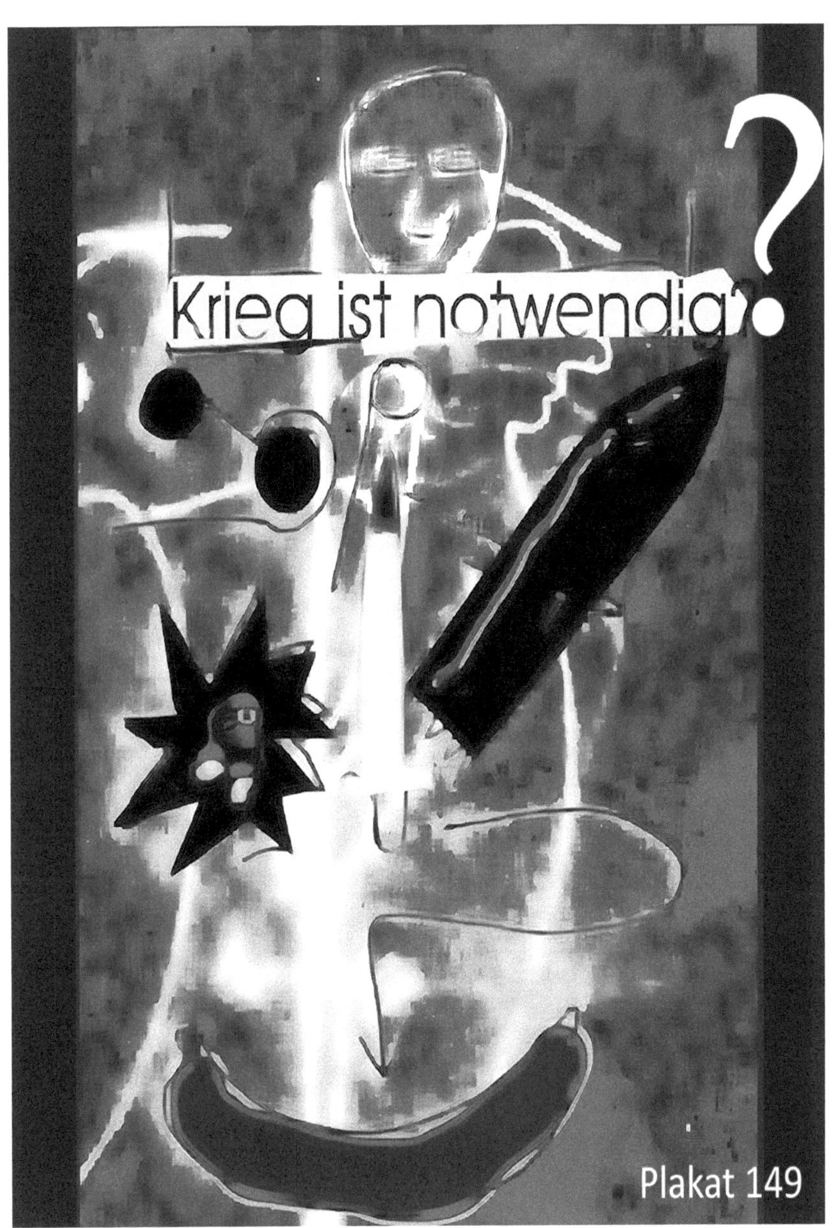

Krieg ist notwendig?
?
Plakat 149

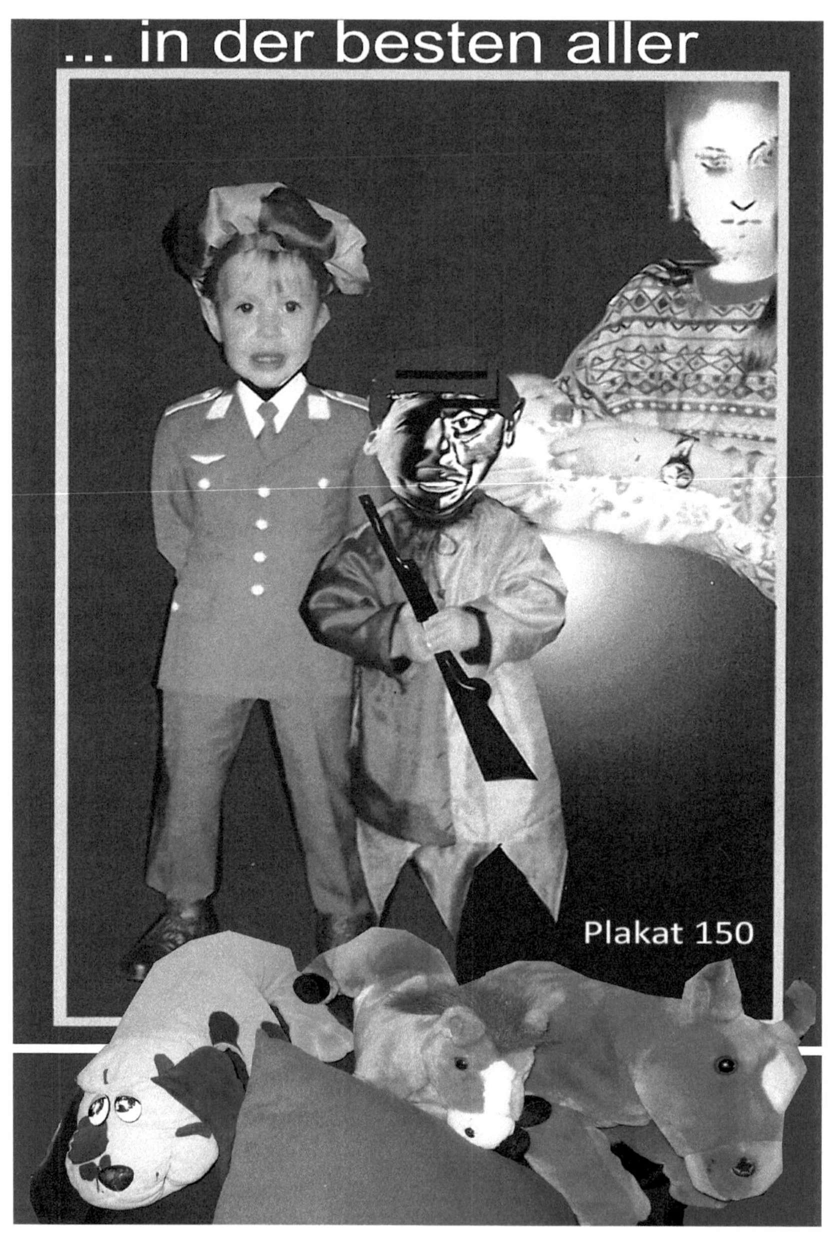
... in der besten aller
Plakat 150

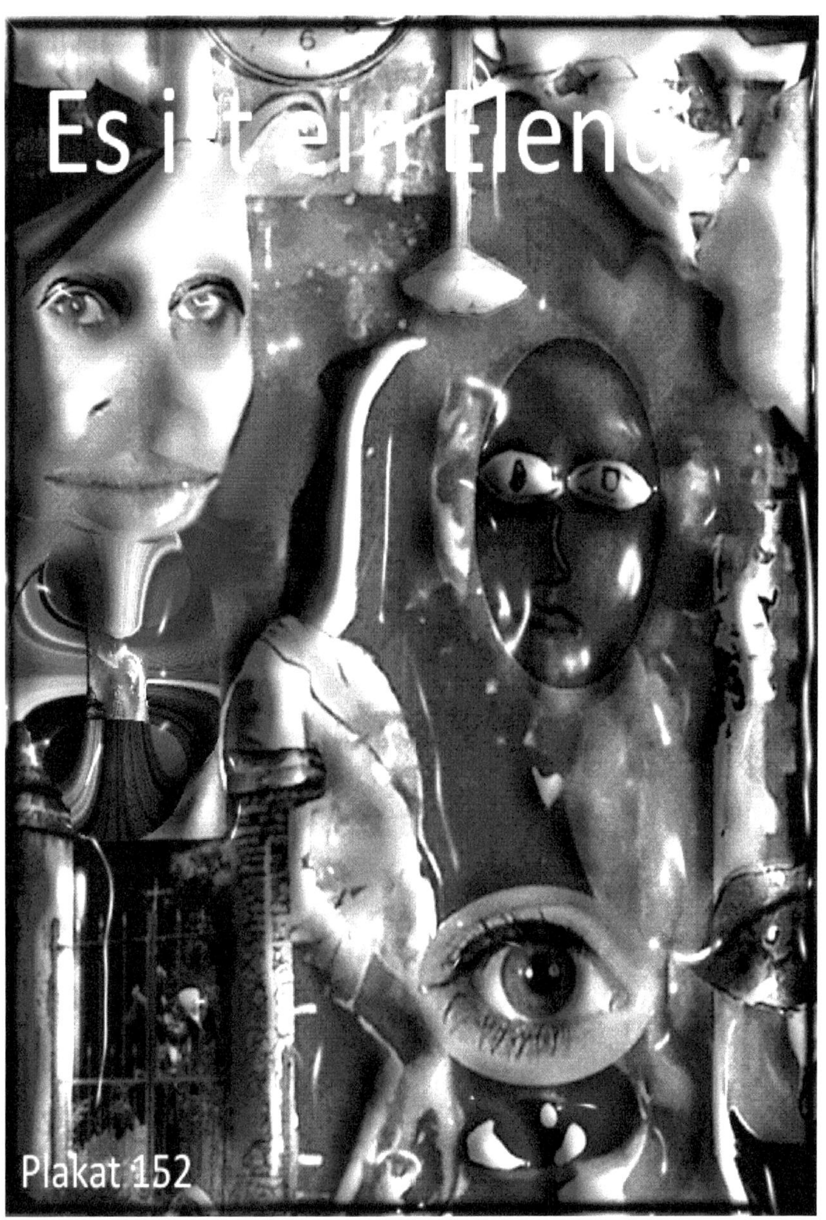

Es ist ein Elend.
Plakat 152

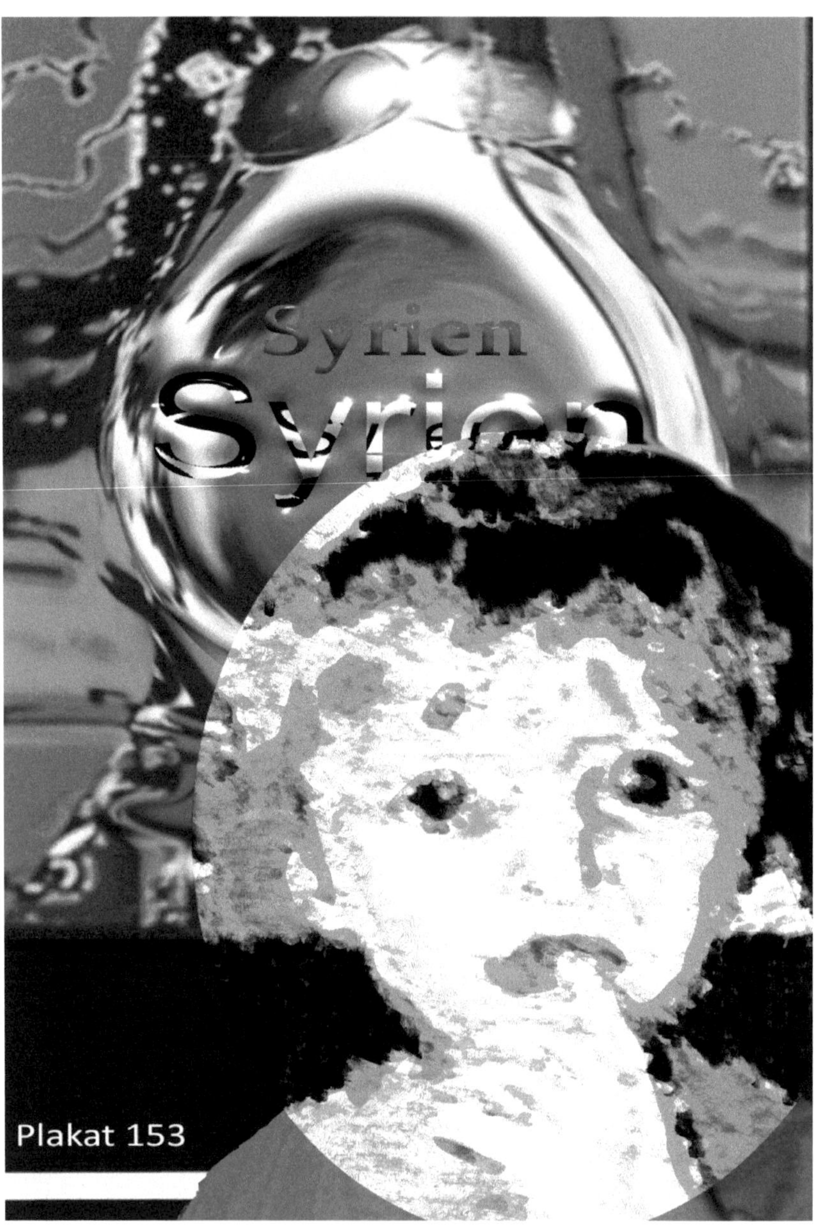

Syrien
Syrien
Plakat 153

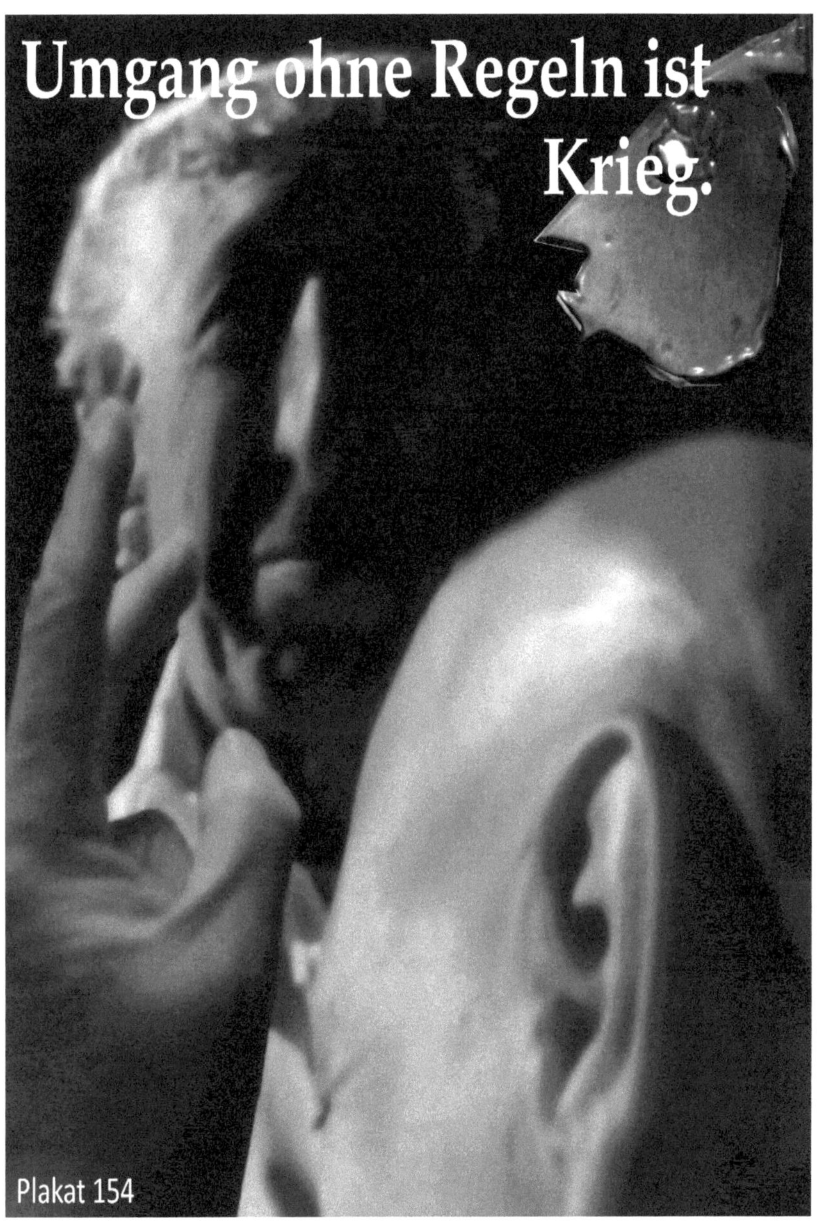

Umgang ohne Regeln ist Krieg.
Plakat 154

Beziehung, Nähe und Vertrautheit

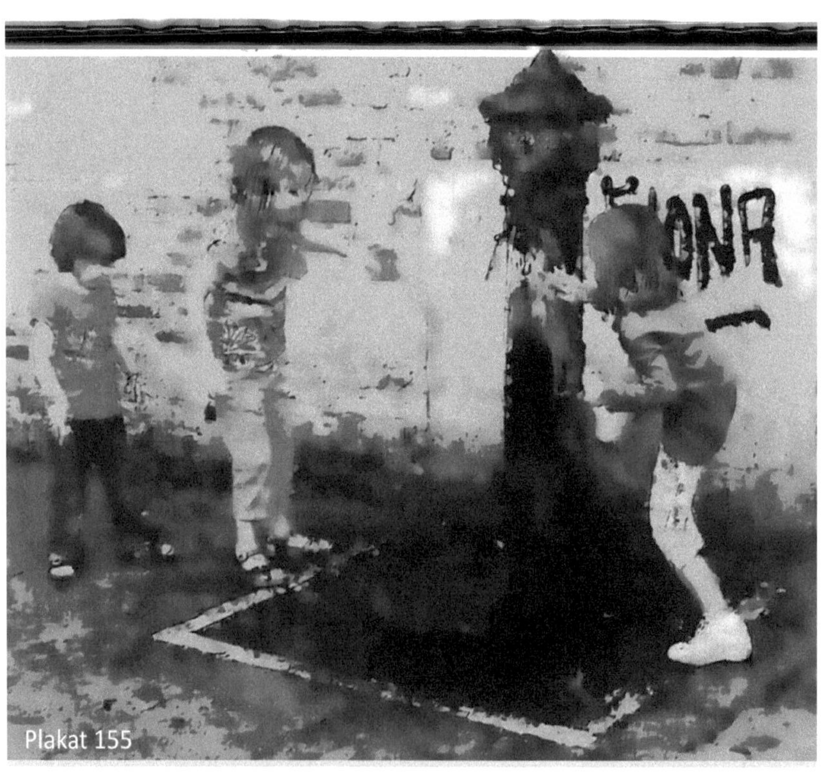

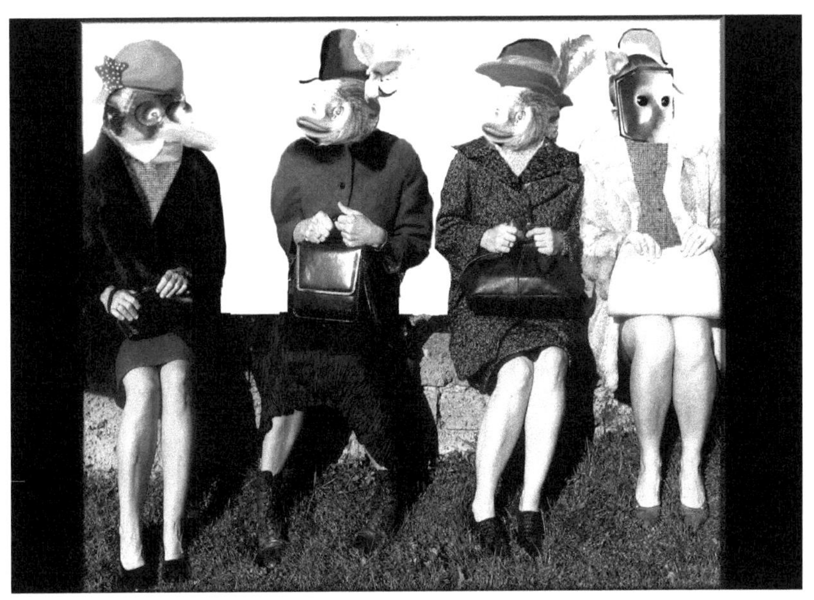

"Wie Du immer sagst,
Birgitt, das größte Glück
für uns auf Erden ist
lieben und geliebt zu
werden. Der Mensch
soll nicht alleine sein!"

Plakat 156

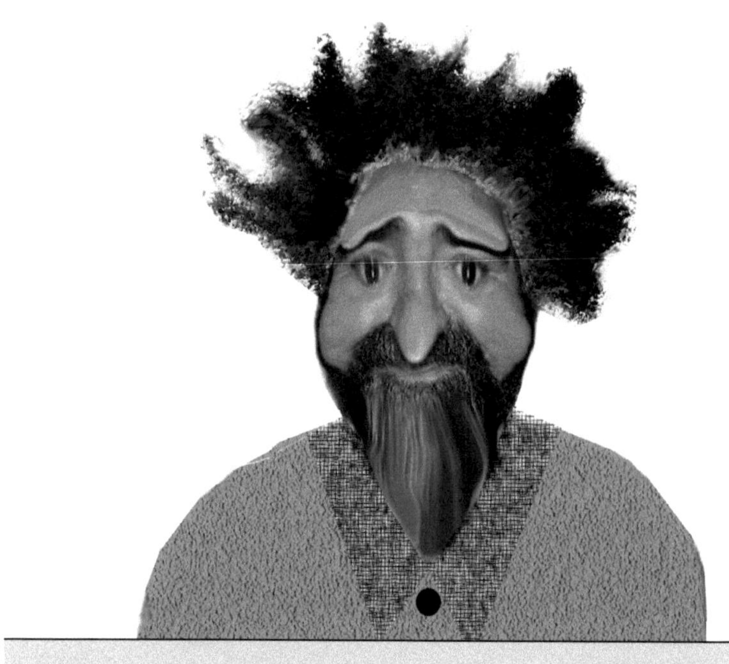

Wenn Sie mal zufällig in Venedig sind,
dann besuchen Sie mich doch einfach
in der Calle del Mandolin

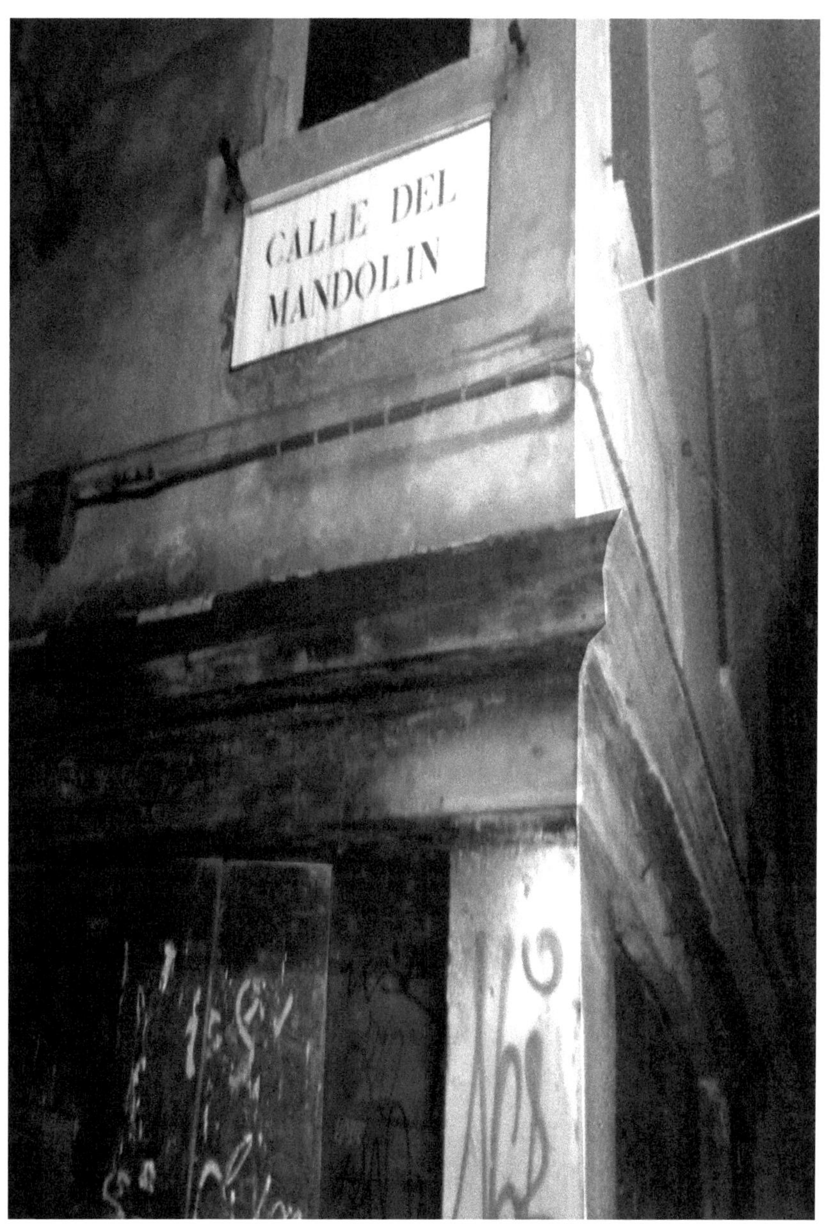
CALLE DEL
MANDOLIN

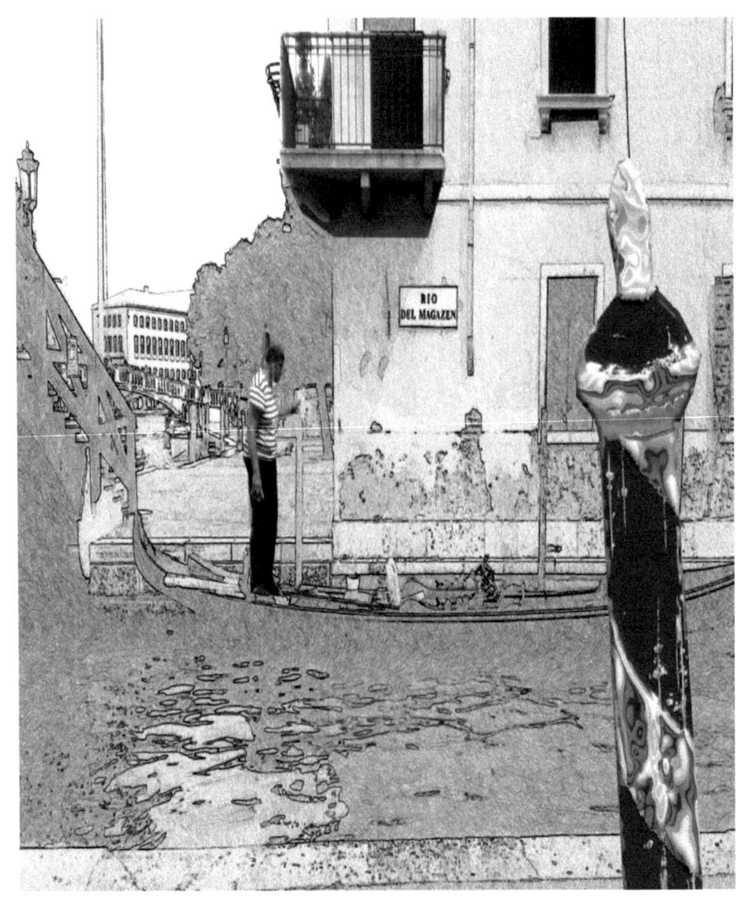

... oder hier

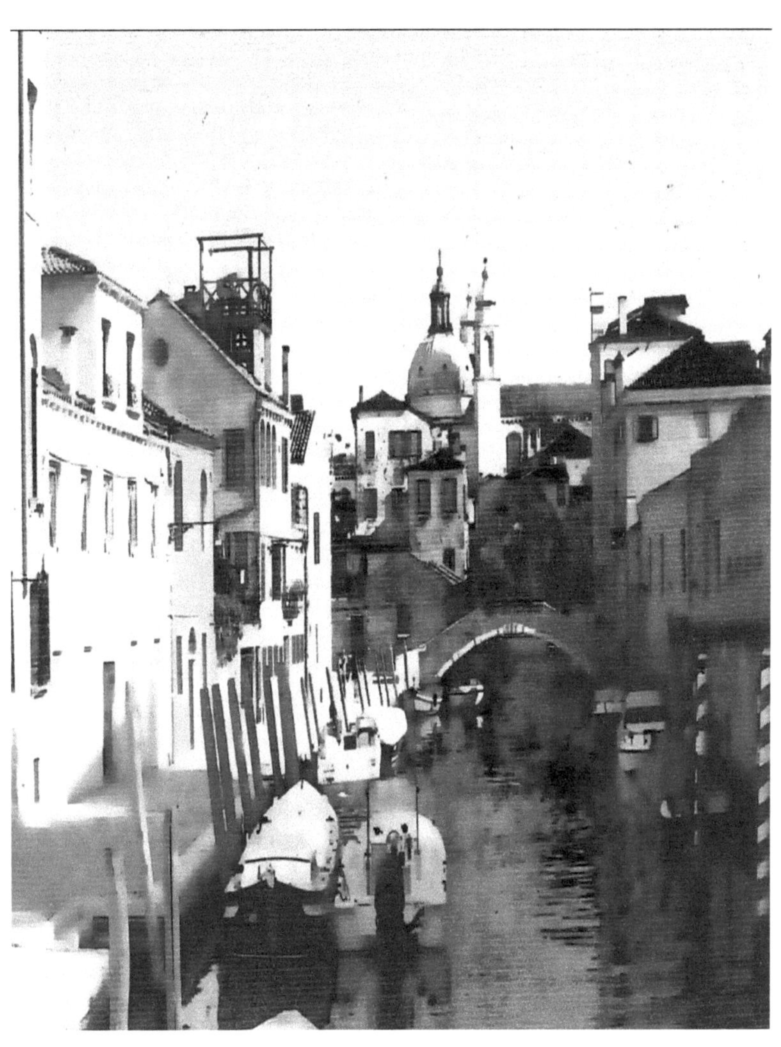

... oder hier

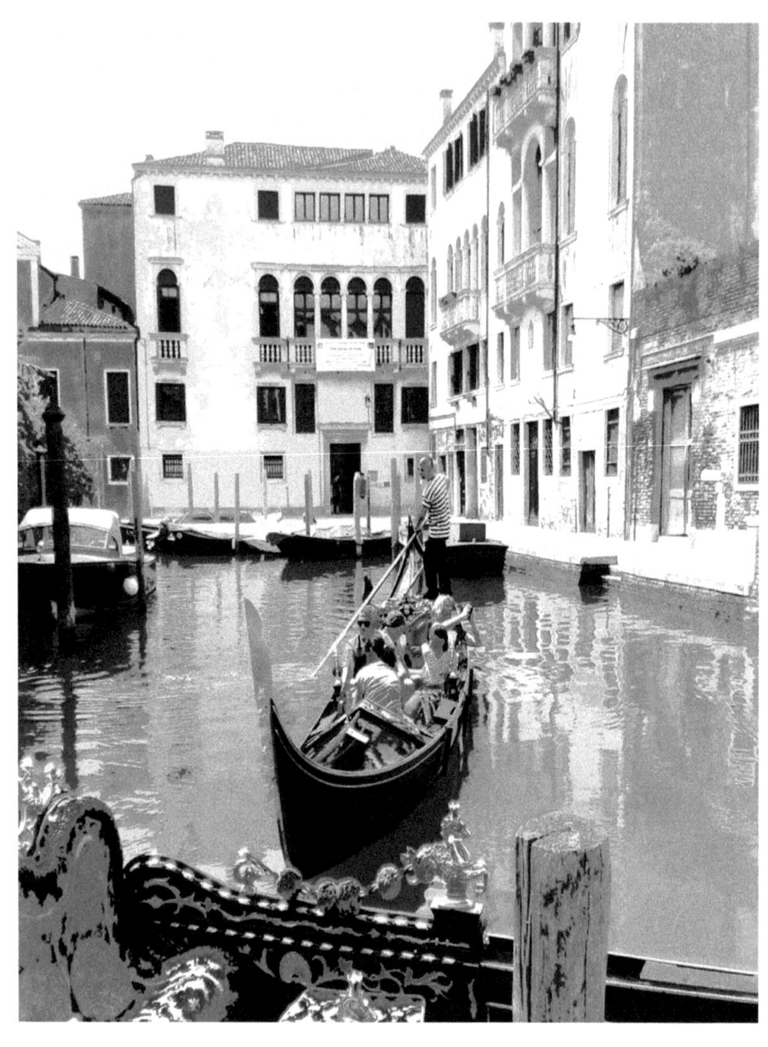

... oder hier

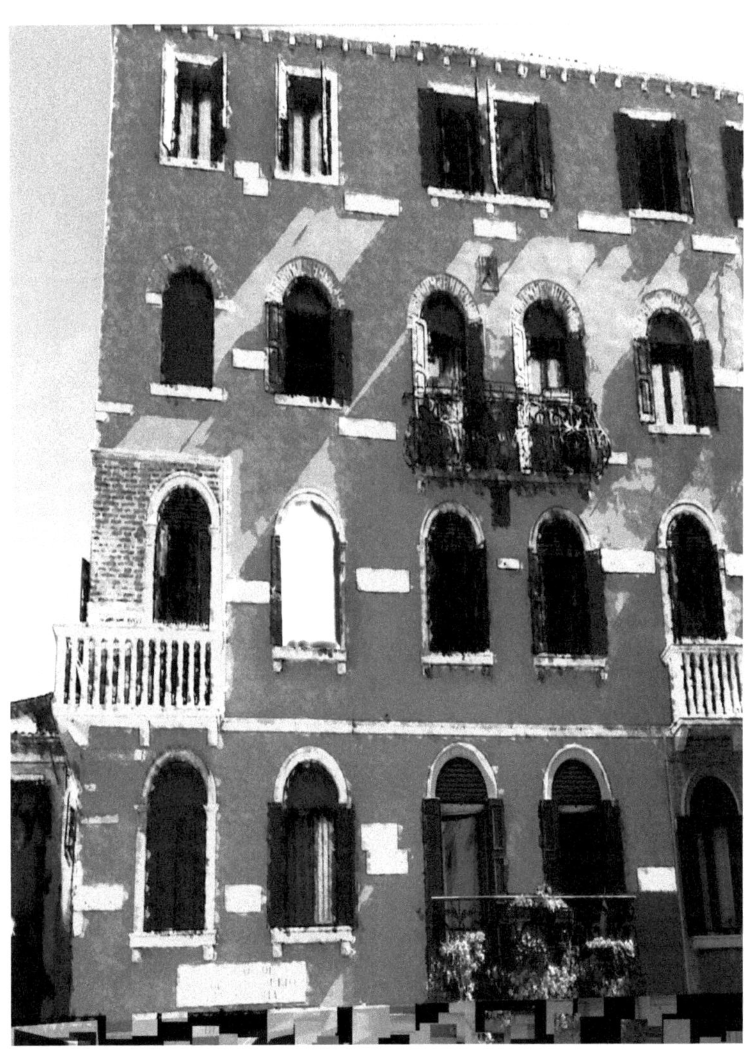

... oder hier

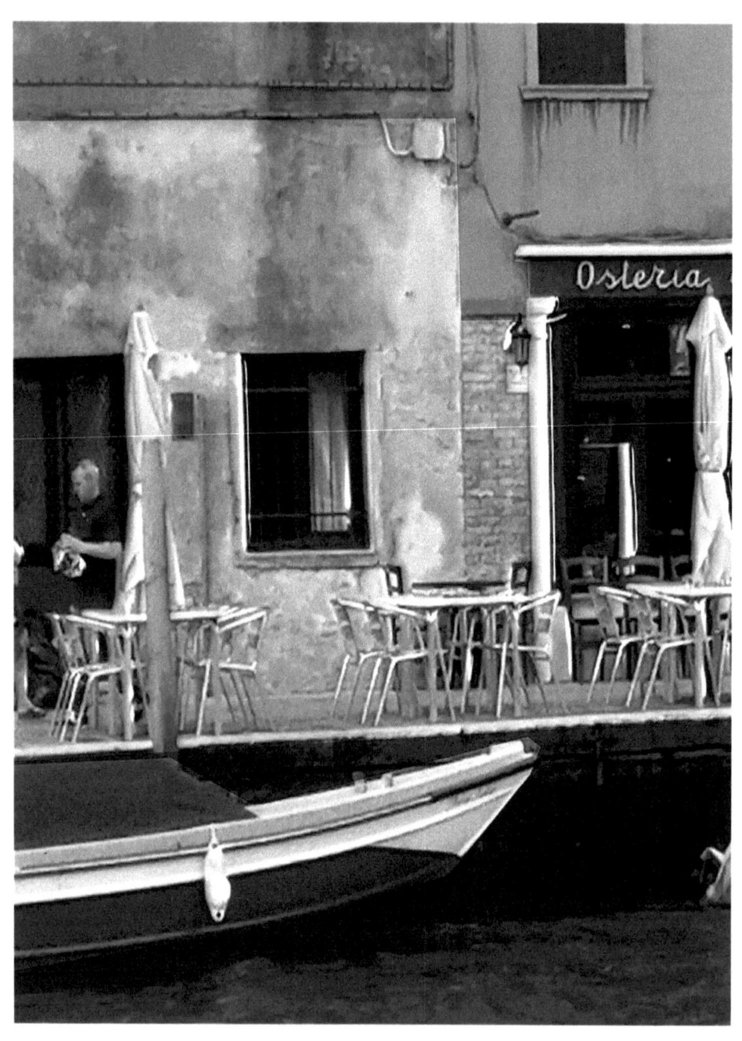

... oder hier

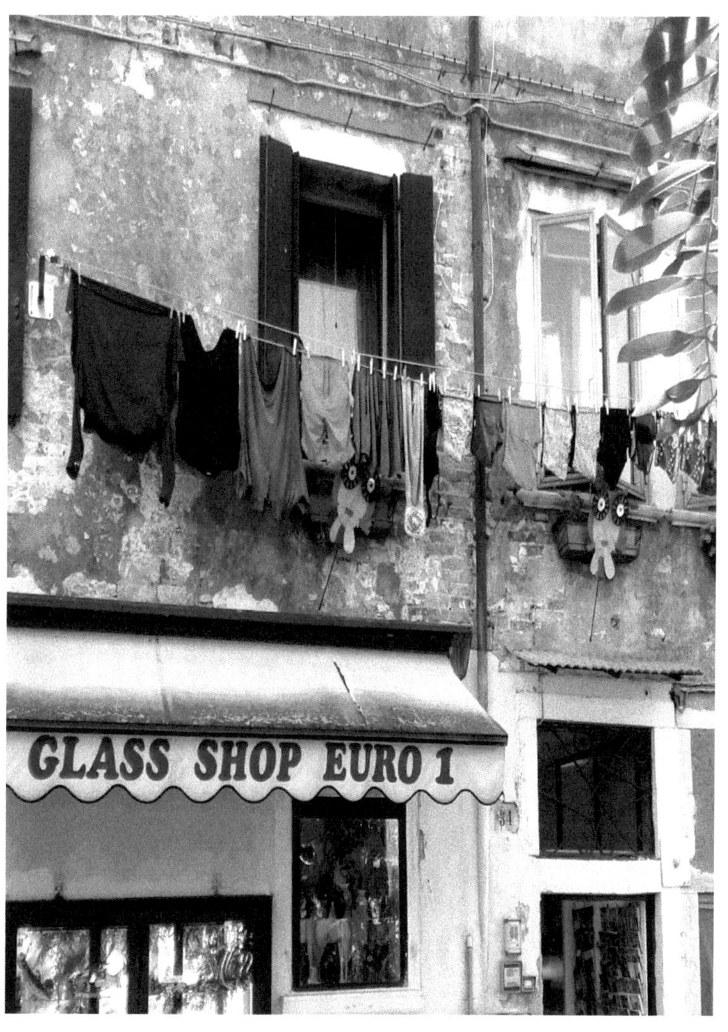

... oder hier

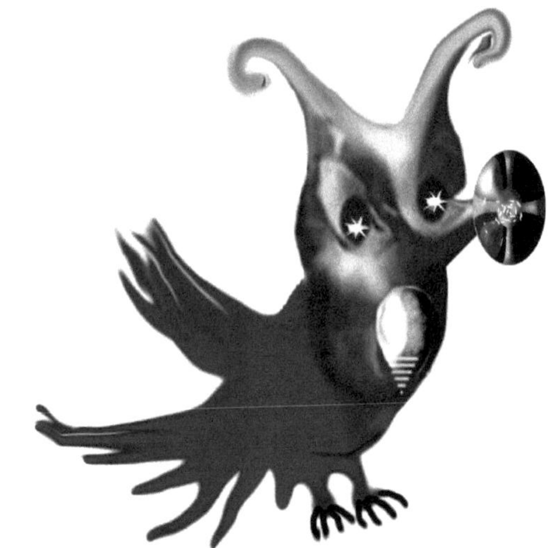

Ich bin Dudel!
Und wer bist
Du?